站在器官移植前線

一個肝臟移植醫師挑戰極限、修復生命、見證醫療突破的現場故事

柏德・蕭——著　柯清心——譯

Last Night in the OR

A TRANSPLANT SURGEON'S ODYSSEY

BUD SHAW

傑出移植外科醫師的省思

李伯皇（台灣大學名譽教授、義守大學醫學院特聘講座教授）

有一天木馬文化來電，希望我能為其新書寫序，作者是柏德．蕭（Bud Shaw）教授。他在一九八一年到匹茲堡大學器官移植部，跟隨史塔哲醫師（Thomas E. Starzl）當肝臟移植研究員，一九八五年回內布拉斯加大學設立肝臟移植中心。我在一九八六年到匹茲堡，因此無緣深入認識，只在國際會議和他有數面之緣，但早知他的瀟灑和手術技術，因此我就爽快答應寫序，目的是想進一步瞭解他的人生歷程。

蕭教授在這本書中，以一位充滿自信的傑出移植外科醫師自述其生平歷程，相當生活化，也相當平凡，看不出事業成功的豐功偉績。但在生活化的自述中，卻充滿對移植專業判斷與抉擇的省思。

蕭教授在猶他大學接受外科住院醫師訓練，他的老闆穆迪醫師（Frank Moody）認為要找頂尖人物學習，較有機會成為一位傑出的醫師，所以強力推薦他到匹茲堡跟隨史塔哲醫師學習。書中他花了約三分之一以上的篇幅談到在匹茲堡的研修歷程，他也特別感謝岩月舜三郎（Shun Iwatsuki）的協助。所謂嚴師出高徒，他在這段期間的描述相當傳神，也讓我回憶當時在匹茲堡進修時戰戰兢兢的生活，深感心有戚戚焉。

史塔哲醫師是一位工作狂，在手術台上極其嚴厲，每個步驟皆有固定的操作流程（SOP），手術室彷彿一個工廠。史塔哲後來在描述對蕭教授的評價時，從初見面時認為道不同不相為謀，到後來的讚不絕口，非池中之物。蕭教授是一位相當有主見的醫師，也有自己的堅持，因此後來他選擇離開匹茲堡到內布拉斯加大學建立了自己的移植王國。史塔哲是一位極為積極的醫師，他認為當時匹茲堡大學的肝臟移植一片看好，正值開天闢地的偉大時期，正如已升火待發的登月火箭，必須趁此時多開移植手術，蕭教授卻有自己的看法，認為應該持盈保泰，慎選病人，關注病人的預後，這種態度應與他退休後，轉而專注病人的照護有關。

蕭教授在書中也敘述從事複雜而危險的醫療工作，幾乎夜以繼日投入工作，充分反應當時手術房的場景，令人會心一笑。但也因此忽略了家庭成員關係的經營，雖然事業有傑出成就，但家庭生活卻出現缺憾。蕭教授在書中敘述了他的感受，也看出一位成功的移植外科醫師心中的落寞。

這本書文筆相當流暢易讀，應該是第四位有關從事器官移植醫師的中譯本〈註〉，讀者可由一位事業有成的移植醫師身上看到一些啟示，拜讀本書之餘個人亦獲益良多，故樂於為之序，與大家分享。

〈註〉
其餘三本與器官移植醫師相關的書籍為：《拼圖人：一個器官移植外科醫師的回憶錄》（望春風，二〇〇八）、《奇蹟與恩典：細數半世紀來的外科進展》（望春風，二〇一〇）、《外科大歷史：手術、西方醫學教育、以及醫療照護制度的演進》（天下文化，二〇一六）

敘事醫學典範

吳佳璇（精神科醫師、作家）〈註〉

《站在器官移植前線》，是美國肝臟移植外科醫師柏德．蕭（Bud Shaw）六十五歲（二〇一五年）時出版的回憶錄。

已經封刀的蕭醫師，打開收納在大腦中，一個個包裹著強烈情緒、甚至血淋淋教訓的記憶盒子，逐一轉換文字。行醫三十年，若沒有這種快速收拾、打包情緒衝擊的能力，是無法追隨任職於匹茲堡大學的肝臟移植先驅史塔哲醫師（Thomas E. Starzl），夜以繼日為命在旦夕的病患，殺出一條生路；更不可能在三十五歲盛年毅然另起爐灶，到當時一片荒蕪的內布拉斯加州，打造另一個移植王國。

然而，「出來混，總是要還」，從本書並未緊貼時間軸的敘事裡，蕭醫師不只一次提及自己罹患淋巴癌，和長期身處高壓工作環境脫不了干係。且抗癌成功不久，恐慌症來襲，讓他開始懷疑，「所謂控制，是否只是一種為了讓自己活下去，而自我創造出來的幻覺」，並領悟到「我總是想像，一切都在掌控之中，但內心深處的真實想法是，自己並不能控制任何事情」……

於是，蕭醫師放下手術刀，提筆致力於非虛構創作（creative nonfiction），讓醫學院學生，以至於千千萬萬讀者，宛若走進通宵達旦生死一瞬間的移植手術室，親歷故事人物的喜怒哀樂。

自從發表於《非虛構創作》雜誌（*Creative Nonfiction Magazine*）的作品，〈我與艾倫・哈奇森共處那一夜〉（My Night With Ellen Hutchinson）獲獎，蕭醫師甦醒的文學魂，在小說家妻子蘿貝卡（Rebecca Robert）砥礪下，佳作迭迭。《站在器官移植前線》面世，又是一個里程碑。

不同於編年紀事的尋常回憶錄——其恩師史塔哲醫師精彩的回憶錄《拼圖人》（*The Puzzle People*）正是一例，蕭醫師以類似精神分析的「自由聯想」（free association）手法編排本書。因此，講完救不回從煉油台上跌落摔破肝臟工人的故事，蕭醫師接著講起十四歲那年夏天，同樣從事外科的父親，幫他搶救遭狗兒偷襲的瀕死鴨群的往事，以突如其來且巨大

〈註〉
作者是從事非虛構寫作的精神科醫師，最新作品為《為什麼開藥簡單開心難》。

的無力感，貫穿並連結前後篇章。蕭醫師打開「裝箱」的記憶，經由說故事進行敘事治療的「生命會員重組」（re-membering），從而疏通生命歷程的種種糾結。

相對於近年大興其道，力求「客觀」的實證醫學（evidence based medicine），蕭醫師的故事則是不折不扣的敘事醫學（narrative medicine）。也就是說，這些建構於蕭醫師與患者們所處的社會文化脈絡下的敘事，可以作為我們瞭解上世紀末至二十一世紀初的美國移植醫學發展，以及醫師與病人處境的鑰匙。

不過，強調多元、相對和主體性的敘事典範，向來沒有「標準」的閱讀或解析方法。親愛的讀者們，還是請您速速進入正文，親臨蕭醫師的手術室最後一夜吧。

起手無回的一線生機

陳肇隆（亞洲肝臟移植開創者、高雄長庚醫院名譽院長）

全球肝臟移植開創者史塔哲（Starzl E. Starzl）教授，一九六三年在美國科羅拉多大學進行人體首例肝臟移植手術，一九六七年完成存活超過一年的成功首例，一九八一年從丹佛東移到匹茲堡，柏德（Bud）醫師是史塔哲教授在匹茲堡大學早期最賞識、最信任、最倚重的入室弟子。

一九八三年初，我加入匹茲堡團隊和柏德一起師事史塔哲教授。當時肝臟移植還是一項龐大、複雜的手術，一個較困難手術往往要花費二、三十個小時，因為病人都是傳統內外科方法不能有效治療的嚴重肝病，手術過程必須把整個壞掉的肝臟切除，再植入新肝，因此是一項起手無回、不成功便成仁的手術，是帶領著病人在生死間搏鬥的手術。不像換腎，植入的腎臟沒有發揮功能，還可以讓病人再回去洗腎，因此外科醫師會承受比較大的壓力。換肝手術最大的困難是很容易大量出血，因為肝臟是一個充滿血管叢的器官，有綿密的肝動脈、門靜脈、肝靜脈和膽管，是一個非常容易出血的器官；而人體的凝血因子大多在肝臟合成，壞到需要換掉的病肝，通常不能合成足夠的凝血因子；而肝硬化引起門靜脈高壓，造成脾臟腫大，也會破壞血小板，同時在肝臟周圍形成許多側枝循環，這些都是不正常、薄壁的血管，一破裂就造成大量出血。為了避免外科醫師在手術中被噴得滿身是血，當年柏德還設計了特殊的手術穿著，包括從胸腹遮蓋到腳的防水圍兜、高過膝蓋的長筒下水鞋等。

任何領域在最困難、最艱苦的時候，往往是切入這個領域最好的時機，一九八三年期的研究員。我和卡洛斯·馬格力特（Carlos Margarit）在一九八四年完成亞洲和西班牙首例成功的肝臟移植手術，柏德一九八五年在內布拉斯加創立肝臟移植中心，並在一九九五年成為肝臟移植領域當今最好的學術期刊《肝臟移植》（*Liver Transplantation*）的創刊總編輯。二〇〇九年，柏德從內布拉斯加大學外科主任退休，目前專事寫作與醫學教育傳承。

柏德身高一九五公分，多才多藝、文采洋溢，是我見過手術做得最漂亮，文筆最流暢的美國外科醫師。工作之餘，除了寫作與攝影，他也喜歡冒險犯難的休閒活動，如開私人飛機、潛水等。二〇〇八年暑假，我們的家庭聚會一起在澳洲租了帆船，圍繞漢彌頓島航行一星期。

我們在台灣開展肝臟移植手術，三十多年來不斷尋求突破與精進，也創立了多項台灣、亞洲、全球的肝臟移植紀錄，並在活體肝臟移植維持全球最高的存活率，目前在高雄長庚醫院已成為例行的常規手術，每周都有三例。我們也秉持醫療不藏私的理念，培訓了三百三十多位外國醫師，也積極協助國內外醫學中心發展肝臟移植高端醫療。在醫援國際，我的理念很單純，醫療是救人的學問，不應該有藏私的觀念。台灣的醫療能有今天，也是因為過去我們有機會到美國、歐洲、日本去學習，今天我們有可以走出去幫助的，或讓別人來學習的，就應該毫無保留地回饋國際社會。我們的經驗也印證了我和柏德的老師史達哲說的：「醫學的歷史通常是昨日認為不可思議的，今日也很難達成的，只要堅持理想不斷努力，明日往往成為常規。」

謝謝媽媽讓我看到自己的能力，
謝謝爸爸堅持我必須盡情發揮，
也謝謝法蘭克、尚恩和湯姆的教導。

目錄

第二部　前線

自序

這不是小說，書中的故事都是真實發生過的事情，但我必須承認，在將這些事件付諸文字時，我必須仰賴我的記憶，以及許多曾經在現場或知道事況的人士的回憶。我的深刻記憶往往與別人有所出入，這常令我感到吃驚。有時我們會因此進行激烈的爭論，如果我們依舊無法釐清，我還是會依循自己的版本，因為那樣最忠於自身的經驗。

許多故事涉及患者，為求保護他們的身分，我會更改或省略姓名、日期、地點及其他應受到保護的醫療資訊細節。所以這些故事只是真實情境的代表，而非個別患者的經驗。此外，我也在報紙、電視檔案、訃文、法院文書及社群媒體等公開資料中，找尋某些患者的相關片段。

我曾經是移植外科醫生，我的患者大多是肝臟受贈者，他們的故事都非常神聖，一方等待捐贈，另一方是大無畏的捐肝者，這是器官移植故事中最令人動容的環節。對我和我的患者而言，捐贈者，或者更精確地說，是同意捐贈器官的遺眷，恩同再造。沒有他們的大愛與勇氣，我的患者無一能夠存活，我也永遠不會經歷救命的欣喜與絕望的起伏。我與許多關心病患的醫療人員一樣，在臨床生涯的每一天，都必須面對一件恐怖的現實——等待器官移植的患者，有半數以上將永遠等不到器官。我們衷心盼望，有朝一日可以打破這項現實。

第一部　憧憬

1. 一九八一年，匹茲堡
初體驗之一

那晚我急於展頭露角，患者是來自德州的肝臟外科醫師馬克斯·史汀森。諷刺的是，他染上了肝病，導致最後肝臟衰竭。我們拿著器捐的肝臟從維吉尼亞趕回來時，病人已經躺在手術台上，切開腹部了。尚恩·岩月（Shun Iwatsuki）已刷好手，旁邊圍著六個人幫忙，等我們刷手完畢進開刀房，大部分助理便離開了，但尚恩仍留下來。

史塔哲醫師的心情不太爽，尚恩站在他對面手術台。尚恩曾在丹佛與史塔哲共事，在往後的日子裡，尚恩對我的訓練，重要性無人可比。站在史塔哲右邊的是來自上海的洪醫師（Hong），負責牽引胸廓，以免擋到史塔哲手術，洪醫師雙手齊發，拉住腹部切口的上緣，身體像滑水似地往後傾。不久之後，我才知道，他們稱洪醫師為「人肉牽引器」。卡洛斯·費南德斯·布洛（Carlos Fernandez-Bueno）醫生正在接受第二年的訓練，他也來自丹佛，不過他在秋季前便離開了，因為聲望極高的東岸移植中心，為他開出一個條件好到無法拒絕的職缺。

史塔哲馬上抱怨起來，尚恩像貓似地，默默東推西拉，而且不用一言一語，便能指示洪醫師或卡洛斯幫忙，我還以為他們有心電感應，其實他們只是在極力安撫憤怒的老闆罷了。我在這個新世界顯得如此無用武之地，我已開始懷疑自己能不能撐下去了。

尚恩切開的口子像擺平的賓士標誌，從胸骨向下劃出的垂直短切口，與橫跨腹部兩側的倒V長切口相連。除了當晚稍早，在維吉尼亞器捐者身上看到的之外，我從未見過人體切得那麼大。

我瞥見埋在橫隔膜下的肝臟，那是一顆枯縮成團的黃綠色腫塊，在原本的空間裡顯得過小，而且呼吸器每次啟動，把橫隔膜往下推時，肝臟就在血水裡唏哩嘩啦晃動。

血水似乎湧自四面八方，腹部切口下面皮膚是一層半透明的濁黃色物質，碩大的藍色靜脈從肚臍向外延伸，我看到切口劃過其中一些靜脈，當史塔哲開始移除切口邊緣的紗布時，那些血管便源源流出或黑或紅的血。

史塔哲拚命瘋狂止血，從刷手護士手裡拿起一把又一把的持針器，用絲線縫綁血管的開口，再讓卡洛斯、洪醫師、尚恩接續抓起線頭，打好穩妥的結。我一逮住機會，也拿起線頭，可是打到第二個單結，就把縫線扯斷了。

「媽的。」史塔哲說著在我扯斷的地方補上一針，但這回我又扯得太用力，縫線劃破了組織，血汩汩湧出。卡洛斯拿起紗布壓住傷口，然後閃身讓史塔哲再縫一針，親自打結。史塔哲在同一個斷口上又補強了兩針，由卡洛斯和尚恩各綁一針，才終於把血止住。尚恩對我皺眉輕輕搖頭。

我決定等他們綁好縫線，再來剪線頭，這是我們叫醫學院學生做的事。我是位訓練有素的外科醫生，而且照猶他州的各項標準來看，還是位好大夫。我在不到一個月前，在猶他受完訓練。於是我抓起剪子去剪線頭。

「太短了，媽的。」史塔哲說，「這樣縫線會鬆脫，他會失血而亡，你是想害死他嗎？」

史塔哲再縫一針，由尚恩打了四個單結，我剪線頭。

「太長了。」史塔哲抱怨，「尚恩你快來幫我，這傢伙根本不知道自己在幹嘛。」

一九八一年六月三〇日，我在猶他大學當最後一天的外科住院醫師，那年我三十一歲，想成為移植外科醫生。肝臟移植之父，或許也是世上最著名的移植醫師，湯馬斯．史塔哲❶，同意讓我跟他的團隊一起受訓。他在六個月前，剛把移植計畫轉到匹茲堡，我在俄亥俄州長大，但從來沒去過匹茲堡，我討厭他們的美式足球鋼人隊，因為他們老打敗我最愛的克里夫蘭布朗隊。

內人與我賣掉她的車子，把皮卡車送給朋友，將我的車及所有家當全擺進租來的卡車裡，在七月四日星期六破曉前，往俄亥俄出發。我們在懷俄明州的巨岩點東邊十二公里處，撞到一隻一歲大的羚羊，當時太陽正從岩石和鼠尾草間升起。在奧馬哈，我們開車穿過煙火引發的草原大火煙霧。到了俄亥俄州，我們把車上的行李放到父親的車庫，週一歸還卡車，然後隔天打電話到史塔哲在匹茲堡的辦公室，請教哪裡可以找到住的地方。

我原本安排七月休假一個月，因為剛當完五年的外科住院醫師，接下來又將面臨兩年的移植外科臨床研究，我認為不妨休個假，趁這時找地方安頓下來，然後還有近三個星期的時間任我打發，就像十二歲時的暑假。

史塔哲辦公室的秘書要我候著，說我得跟另一個人談。

一位語帶鼻音的女子接過電話，後來我才知道那是匹茲堡腔。「蕭醫師嗎？你現在究竟在哪兒？」

我說我在俄亥俄，我父親家裡。

「你上星期就應該報到了，」她說，「七月一日，忘了嗎？」

---

❶史塔哲（Thomas Earl Starzl），世界首位完成肝臟移植的醫師。

是這樣的，我說，我三月時跟某位女士談過了，她答應我一定會轉告史塔哲醫師，我八月才開始上班。

我看著老爸廚房電話上方，掛在牆上的月曆。「星期六，」我說，「八月一號。」

「我們沒有任何關於這件事的訊息，蕭醫師。」她說，「史塔哲醫師上週就在等你了，你已經有兩晚叫不到人了，我建議你今天就立刻趕過來，最遲明天以前要到。」

那是星期二早上的事，到了週四晚，我們已開車到匹茲堡，在離醫院幾個路口外租了間房子，用老爸的皮卡車，能搬多少算多少，另外還找到一間晚上十點後營業的雜貨店。星期五早上我到醫院報到，那天晚上我老婆打電話來說，電冰箱壞了。星期六我值班的時候，有人打破我停在足球場上方山坡的車窗玻璃，他們偷走我的工具箱和一個猶他爵士的咖啡杯。珊蒂告訴我，她絕不會把車停在那裡。

珊蒂是移植團隊的護士，我第一天上班時，她帶我介紹環境，教我第二輛車子哪裡不可以停。我們去成人加護病房的時候，一位穿短白袍、項上掛著亮新聽筒的年輕女士，請我簽署禁止肝臟移植的請願書。

她解釋說：「那樣很不道德。」

我很想笑，但她非常認真，我說我是新的移植研究醫師。

「喔，」她說，「那你更應該簽。」

她告訴我，新的移植小組在最初六個月進行了六次肝臟移植手術，六位病人全數死亡。

「有一次，他們把整個賓州的血都用光了，」她說，「各地的手術被迫暫停好幾天，簡直糟糕透了，太恐怖了。」

珊蒂說那個年輕女生講得太誇張了，缺血的情況只發生過一次，而且只在阿勒格尼郡，前後不到一天的時間。

「而且孩子們都沒事。」她說。

「孩子們？」我問。

「總共六個孩子，」珊蒂說，「全都活蹦亂跳，好的很。」

「哦？妳敢打賭五百塊嗎？」醫學院學生昂著頭，將記事本插在腰間問。

「這又不是在打棒球，親愛的。」珊蒂說。她抓住我的手臂把我拉開，穿過自動門進入大廳。

六個月前，史塔哲和他的團隊剛到時，匹茲堡大學並沒有任何空間可以安置他們，所以便讓他到一間沒人使用的實驗室。偌大的實驗室有一堆長板凳，外加水槽及瓦斯噴燈。我和另一位臨床研究醫師共用一張桌子，桌子靠在兩張長板凳間的牆邊，電話線從我們頭上拉過，用麵包袋綁在天花板的架子上。珊蒂說這只是暫時的安排。

「暫時多久？」我問。

「這個嘛，至少過去七個月都這樣。」她說。

我想起那張請願書，不知接下來的七個月，我們會在哪裡。

我和史塔哲醫生第一次會面時，他問起穆迪醫生。穆迪是我在猶他大學受訓時的主任，他說服我向史塔哲學習，而他顯然也寫了一封對我讚譽有佳的推薦信。

「法蘭克．穆迪（Frank Moody）說你是相當優秀的外科醫師，」史塔哲說，「你覺得是真的嗎？」

他看著我，眼神令我十分緊張，他的問題感覺像是測驗。

「我想是吧。」我說，覺得自己像個十三歲的孩子。接著我告訴他，自己並沒有想過要走肝臟移植的路，這話感覺像在招供。

「為什麼？」他問。

我說我感興趣是腎臟及胰臟移植。

「我明白了。」他說著臉上皺了一下，眉宇的間隙蹙擠著。他在椅上轉過身，雙手放在膝頭，坐著凝視牆壁片刻。我可以看到他微斜的肩線和完美無瑕的鼻側。接著他站起身來。

「好吧，咱們再看看。」他似乎不確定接下來要說什麼，便偷偷瞄著地板，再看看我，然後又把眼光移開。

我表示我該走了，他笑了笑，伸出手，我們握個手。

「很高興認識你。」他說。

我點點頭後離開。

我不確定當我表示自己沒有做肝臟移植的野心時，期望他如何回應，但我也不認為自己是在尋求支持。即使到現在，我還在猜，史塔哲是不是以為我跟大家一樣，覺得肝臟移植是沒有結果的鬧劇。當大家知道我決定到史塔哲麾下受訓時，猶他大學一部分教職員，和我大部分的朋友都認為我錯得離譜。有位私人醫院的資深外科醫生，曾經在紐約擔任移植醫生，這位摩門教徒告訴我，肝臟移植「只是一場對無藥可醫的病人，進行的死前昂貴酷刑」。

我好想嘲笑他們，罵他們疑心而無知，但我自己也擺脫不了疑慮。我對史塔哲與肝臟移植的所有認識，都立基於多年來，他在科羅拉多州研究計畫裡，各種謠傳的災難。不過等到我必須決定去何處接受移植訓練，情況似乎已有了轉變。史塔哲的團隊已開始使用一種新藥，更能有效防範受贈者的免疫系統，攻擊植入的器官了。這種新藥叫環孢靈（cyclosporin A），是移植領域的革命性產品，而史塔哲是美國唯一能使用環孢靈治療腎臟或肝臟移植病人的外科醫生。然後還有法蘭克．穆迪，法蘭克叫我把眼光放遠，應該跟頂尖的醫生一起工作、受訓。穆迪醫師令我覺得，若去別處，就等於背叛他，而且在移植這種真正的醫療前線工作，比安全躲在大後方，更值得追求。

「快，把這拿好！」史塔哲醫師把牽引器放到腸子上。

尚恩拍了一下我的手，叫我集中精神，我握住握把，絲毫不差地撐在史塔哲放下的位置。

「不是那樣弄。」史塔哲說。

他從我的手中一把搶過牽引器，重新擺好。「要像這樣。」

我再次接手，專心致志，不敢移動分毫。我環顧房間，還是覺得懵懵懂懂。依照以往的經驗，大部分手術都只有一位外科醫生及兩位助手，每個人都知道誰當家，誰決定流程，誰做決定，可是當天晚上，史塔哲叫我們五位醫生跟他一起刷手，之前我只見過一次這種大陣仗，那是一場頭頂相連的分割手術。手術在猶他舉行，當時我是整型外科小組的住院醫師，不知怎地便加入神經外科和小兒外科醫生的行列，幫忙分割這對連體雙胞胎了。整個過程就是一場令我瞪目結舌的混戰，每位資深醫師對每一件事都有意見，他們讓我覺得自己像旁觀的證人。史塔哲的差別就在於，每個人都知道他是老大，而且是獨一無二的老大，我在他的手術室，唯一的任務就是不要妨礙別人，特別是不要妨礙到他，但我卻老是砸鍋。

洪醫師站在台子上，那樣高度才夠，他跟史塔哲之間有四十五公分的空間，那就是我的位置。有時候我企圖幫忙，身體往前傾一點，就會碰到史塔哲的手臂或肩膀，他會用屁股撞我，或用手肘頂我胸口，我想他不是有意的，只是捍衛自己空間的本能罷了。

第一個晚上，我還看不出手術的模式，史塔哲常隨意就近抓起一隻手，把它推到他要的定點，完全不管那是誰的手，或那隻手該做別的什麼。「我操你媽的去死，」他嘶聲說，「我看不到。」如果有人想出手協助，卻沒幫到忙，他就會說「要幫就別幫倒忙。」這就是我在史塔哲醫師手術室裡的初體驗。當時我並不知道，這幾句話，只是後來我學會去討厭、調侃的口頭禪裡的幾句，也是我在遙遠的未來及遠方時，渴望再度聽到的話語。

2. 多佛來的專家❷ 初體驗之二

那天稍早，也就是我在手術室看到史汀森醫師前，當時我們跟尚恩正在十樓巡房，尚恩突然安靜下來。

「呃，」他嘀咕說，「老闆來了。」

我轉身看到史塔哲醫師從長廊走過來，他神彩飛揚，腳步輕快雀躍，感覺不像在趕時間，而是很興奮。史塔哲身材削瘦精實，看上去比五十五歲年輕許多。他後面跟著一群人，有兩、三位亞洲人，他們穿著實驗室外套，袖子捲到手腕，白色的肩線墜到他們的手肘，外套下擺在他們的小腿處晃盪。另外一名頭髮灰白的高個子，身著裁製合身的西服，此人走在亞洲人前面，緊跟在史塔哲醫師後方，是個重要人物，但我從來不知道他叫啥名字。走在史塔哲旁邊的是位笑臉迎人的紅髮年輕女子，女子將一疊牛皮紙卷宗握在胸前。這群人走近時，我看到史塔哲醫師用拇指和食指夾著一根點燃的香菸，他以手掌護住菸，免得走路的風動到菸灰。

尚恩好像知道什麼，史塔哲抬眼瞥了一下，與尚恩四目交會，尚恩點點頭，深吸一口氣。我初次看到尚恩，還沒搞清楚他是誰。

「是這樣的，」史塔哲說，「我們幫史汀森醫師找到器官了。」

我杵在一群跟著卡洛斯和尚恩巡房的住院醫師及護士裡，史塔哲很快掃了我們一眼，他的頭快速抽動，彷彿在偷瞄，又不想被我們發現。

「今晚嗎？」尚恩問。

史塔哲垂眼看著香菸，把頭埋到肩下抽了一口，然後快速吐出，眾人默默看著。

「這個嘛……」他說。

他又看了尚恩一眼，似乎若有所思；他看到我，緊皺的眉頭一鬆，好像有點緊張地對我點了點頭。我看看身後，確定自己沒會錯意。

「是的，當然是今天晚上。」他說，「直升機會來載我們……什麼時候會來？」

他轉向拿卷宗的紅髮女生。

❷美國俚語。意指外來的專家提供協助，解決問題。源自理查．胡克的小說《外科醫生》（*MASH*），該書後來改編為同名電影與影集。

她看看手錶，「四十五分鐘會到。」她說。

「這顆肝臟很完美，」他說，「我需要一流的團隊，所以，我看看……」

他朝著我們打量，我努力和他眼神接觸。

「我們可以帶……多少人？」

「除了你和我之外嗎？」女人問，「四個。」

「好的。」他說。

史塔哲突然跳起來把香菸丟到地上，然後看看自己的手掌。「我操你媽的去死」，他搖著頭說，用白色球鞋的腳尖把塑膠地板上的香菸踩熄。

「所以，我來看看……」

他再度打量我們，指著另一名臨床研究醫師卡洛斯。

「你。」他說。

然後他指著其中兩位亞洲人，一個粗壯的禿頭男士，另一位是頭髮留及白色外套衣領的年輕女醫師。

「洪和吳？」他說，兩人都點著頭。

史塔哲看著我，正準備點我，卻又打住。「要不是你對肝臟移植沒興趣，我就帶你一起去了。」

我反駁說：「我不是那個意思，我的意思是——」

「所以你有興趣。」

「是的，」我說，「非常有興趣。」

「既然這樣，那就另當別論了。」他說，他看著尚恩。「我們落地時會打電話通知。」

史塔哲轉過身，結果撞上了穿西裝的高男子，他喃喃講了幾句話後，便走開了。除了拿卷宗的女生外，其他人都趕忙跟上去。

她叫卡洛斯二十分鐘後到急診室報到，然後看著我伸出手。

「我叫瑪莉安。」她說，「你一定是新來的臨床研究醫師吧。」

我說我是。

「二十分鐘。」說完她跟著其他人走了。

我們將在夜間搭機，乘直升機高速低飛過城市、農莊及阿勒格尼山脈，我本希望能搶到前座。

有輛廂型車把我們五個人載到足球場後方的山丘上，直升機就候在那裡。史塔哲醫師帶了一個亮藍色的棉睡袋，睡袋尾端拖在草地上，他踏上直升機時還絆了一跤。直升機的旋翼開始在我們頭上旋轉，引擎發出尖銳的哨音，史塔哲把睡袋捲起來，一路擠進艙內，跟著睡袋一起癱在後座上。洪醫師及吳醫師進到後邊對面椅子上，坐在那裡望著史塔哲。史塔哲從工作褲口袋裡掏出眼罩，看了洪醫師一眼。

「從貴國航空公司偷拿的，」他咧嘴笑說，「中國國航。」

卡洛斯的塊頭很大，他遲疑了一下，爬過史塔哲，擠進長椅角落裡。瑪莉安爬上直升機，坐到史塔哲的另一邊。我看到機艙內沒座位了，心中大喜，朝前門走去，剛好一個戴耳機的人從裡面出來，撞在一起。

「我們只能載五個人。」他喊道。

瑪莉安看看史塔哲，他已用睡袋蒙著頭，倚在卡洛斯身上了。瑪莉安叫洪醫師留下來。洪醫師眨著眼。

「洪，」她笑著對他說，仔細放慢嘴型，一個音節一個音節地說清楚，「你必須下機。」

吳醫師離門最近，她站起來跳下直升機，頭也不回地走開了。我坐到她的位置上，再去尋找吳醫師的身影時，發現廂型車已經開走了。副駕駛檢查我們的安全帶，正準備動手扯開睡袋檢查史塔哲的安全帶，瑪莉安抓住他的手，搖頭示意不可。他猶豫了一下，點個頭，關上機門，把我們鎖在裡面。我們從練習場起飛時，我看到吳醫師在夜色中沿羅賓森路而下，經過我的車子遇襲，偷走工具箱的地方。

我從艙座上看不到什麼東西，洪醫師的位子靠窗，他頭抵著窗戶睡覺。我們似乎老飛在斷續的雲層上，看不見月亮。直升機在都市大型醫院的頂處降落，我們走下一層階梯，進入電梯裡。

這過程應該是很風光的——直升機抵達後，在武裝警衛護送下進更衣間，當我們這群來自多佛的專家走入手術室，有種崔普．約翰[3]走在日本的張狂氣焰——但我太過分心，無心享受，或者太焦慮，擔心別人討厭我們的傲慢。

接下來的幾個鐘頭真是震撼教育，直至此時我才瞭解，我跟老爸待在手術室的那些暑假、在醫學院實習與其他外科醫師相處，以及在四個私立醫院、一個榮民醫療中心和大學醫院工作的五年住院醫師生涯裡，我從未感受過如此混亂的場面，或見識兩個外科醫師間的強烈敵意。

總醫師和史塔哲及他的團隊，第一次在維吉尼亞交手。當年在我們發表研究報告證實之前，腎臟移植醫師之間流傳一則謠言，說匹茲堡團隊在取出肝臟時，會傷害到腎臟。更糟糕

---

[3] 崔普．約翰（Trapper John），《外科醫生》的主角之一。

的是，那個年代的外科醫師，尤其是移植醫師，都把手術室當成自己的私人領域，他們不習慣在自己的手術室裡，跟另一個老大帶領的團隊進行協調。

史塔哲深諳此理。他知道，若想獲得匹茲堡以外地區捐贈的肝臟，就得好好培養這些關係。為了讓事情順利進行，他努力擺出可親的模樣，但他也知道，摘取肝臟時沒有犯錯的空間，因為對換腎的病人而言，新腎臟若無法發揮功能，還可以回去洗腎，但肝功能衰竭的患者並沒有其他的選擇。

早些年，若有人捐贈肝臟或心臟，而不只是捐出腎臟，便是個天大的消息，電視台和報紙記者都會跑來採訪前往摘取器官的我們。那年稍後，我們去喬治亞州的奧古斯塔市，三輛警車在機場迎接，大夥以每小時近兩百公里的速度駛向醫院，電視台的轉播車落在後頭完全跟不上。我們到密蘇里州的開普吉拉多市，護士下班後帶白煮蝦、炸雞和奶油餅干過來探班，以免我們挨餓。我們到俄亥俄州的代頓市，市長也過來和我們合影。畢竟，我們可是多佛來的專家。

總醫師正在協助住院醫師處理病人，但史塔哲的耐性有限，一旦著裝戴上手套，我們便直逼手術台，住院醫師往後退開，手裡還拿著鉗子和剪刀。

「你們做得很好，」史塔哲說，「非常好，真的，不介意我在這裡做點工作吧？」

洪醫師試圖擠到手術台對面，但總醫師像座堅定不移的綠色冰山，所以洪醫師只能站在後邊，雙手舉在胸前，左踏右晃。卡洛斯挨到總醫師旁邊，我則站在手術台靠頭的部分，等待進一步指示。我可以看到捐贈者的脖子和臉，發現我們的年紀相仿。

麻醉醫師看到我在張望，便拱起眉毛。我挨近坐在凳子上的他，彎腰低聲問道。

「他怎麼死的？」

「從二樓窗戶摔下來的。」他說。

我蹙著眉。

「慶祝升任經理。」

我點點頭退開。

史塔哲拉開鋪單，露出捐贈者的胸膛。

「媽的，」他說，「我們得把手術部位備妥。」

總醫師建議我們等一下，「二、三十分鐘就好，湯姆。」他說，「讓我和安東尼把腎臟摘好。」

他示意要住院醫師回手術台，我讓出空間給住院醫師。

史塔哲要刷手護士拿優碘來，就是含碘的消毒液，用在術前的皮膚消毒。他急切地在胸膛和上腹部抹擦優碘，優碘都濺到洪醫師的面罩、長袍、睫毛和脖子上了。

「你們在下邊繼續手術，」史塔哲說，「我們這頭先做點處理，不會耽誤你們的。」

史塔哲拿起刀子，順著總醫師在腹部正中央切開的口子，一路往上割到頸口的胸管凹跡（sternal notch），接著卡洛斯操起一支大型彎刀和槌子，由上而下切開胸骨，洪醫師和我則努力不去妨礙任何人。他們放入牽引器，把胸骨拉開，死者的心臟便突然乍現，與嗶嗶作響的監視器同步上下跳動了。心臟下頭，就是泛著油光的粉紅色肝臟，我從沒見過肝臟露出那麼大塊。史塔哲讓洪醫師用滑水的姿勢拉住胸廓的一邊，我拉住另一邊，卡洛斯和史塔哲則開始推開腸子，以便直搗肝臟的血管。

我知道我們這樣做，總醫師一定會不高興。史塔哲得把腸子往腳底的方向推，而總醫師則需要把腸子往肝臟的方向趕，以便看到腎臟及主動脈和大靜脈的下部。

「湯姆，你何不先休息一下？」

「你做得很好……是叫東尼，對吧？」

「是安東尼。」住院醫師說。

「安東尼，將來你一定會成為偉大的外科醫生。」

「說真的，湯姆，給我們三十分時間，到時我們就不再煩你們了。」

「先讓我看看下面這裡，確保沒有異常，只要再幾分鐘就好了。」

我發現一個可以幫忙的機會，便在胃上放一塊紗布，將它撥開。

「媽的，要幫就別幫倒忙；卡洛斯，看在老天的份上，教他怎麼做，他根本就不知道在幹嘛。」

史塔哲當然是在說我。

兩個小時後，我們帶著史塔哲所說的完美肝臟離開了，當我脫下手術服，總醫師和安東尼還在努力摘取腎臟。

「很高興認識你們。」我說，但不確定他們有沒有聽到。

3. 史汀森醫師的新肝臟初體驗之三

感覺縫了數百針之後，史汀森醫師的出血情況終於控制住了。我突然覺得筋疲力盡，那時已是凌晨兩、三點，我極想幫忙，卻又擋不住睡意，接著史塔哲開始處理壞掉的肝臟。每一毫米的進展，似乎都耗去無盡的時間。每個地方都要下針綁線，我甚至在想，乾脆拿電燒把大部分的組織燒掉就完事了。然後某個結鬆開，血噴了出來，我想也許這些靜脈太大，不是電燒刀能對付得了。

這是一場不同的手術，和我所學所知全然不同。這些人似乎有很多規矩，有些我視為理所當然的事，他們也有規定。例如，血管一定要打四個結後才可以切掉，得四個，不能是三個。打結用的縫線一定要是較細的4－0或較粗的2－0，絕對不能用中間粗細的3－0。如果你要3－0的線，就犯規了，那樣不但表示你優柔寡斷，更是百分之百的錯誤。我很笨，連現在這場手術只能用4－0或2－0的線，不能用中間粗細的線都不知道。熊老大的偏好，使我變成了一個蠢醫生。而且他們對手術器具也有一堆規定，只有特定的夾鉗才算正確，若遞給史塔哲一支跟他想要的形狀略為不同止血鉗，那你就犯規了。錯誤的夾鉗會被丟到地上，或噹啷一聲扔進不鏽鋼的踢桶裡。

學習規定容易，因為規定不會改變，但學習手術的複雜步驟簡直難如登天。我一心想成為史塔哲醫師歷來最佳助手，但就在我自以為學會時，史塔哲又丟出新招。有時新方法的結果令人驚豔，令我慶幸能親睹他的創造力；但更多時候，就只是無謂的廢招。我開始產生懷疑，以為他除了開創性的演出外，並不喜歡讓別人猜透。

我從沒見過任何人，處理過結節那麼多、萎縮這麼嚴重的肝癌。我的外科老師們教我一定要避開肝臟的上方和後面，彷彿那裡是只有麻煩的禁區。史塔哲打破了這個神話，他讓我想起《六十分鐘》❹播過的韓國靈媒醫生的影片，那傢伙把手直接穿進病人的衣服和皮膚，在身體裡攪和一陣，同時發出古怪的聲音，然後突然手一抽，抓出一團扭來扭去，相當醜惡的東西。百分之百的魔術，就像我還沒搞清楚史塔哲在做什麼，他已經切開這團恐怖的疙瘩肝臟，準備摘除了。

尚恩對卡洛斯說了些話後，卡洛斯離開了手術台。我以為他想休息一下，但幾分鐘後，

❹《六十分鐘》（*60 minutes*），美國新聞節目。

一記尖利的敲擊聲嚇了我一大跳，我看到卡洛斯在後面的桌上，用鋼槌猛敲著一條毛巾。他打開毛巾，裡面是一只敲破的塑膠袋和一堆碎冰，他把碎冰倒入鋼盆，抓起另一袋結凍的靜脈輸液，用藍色毛巾包好，又敲打起來。然後瑪莉安過來，把塑膠管插入一袋輸液，讓液體流入裝碎冰的鋼盆。

「叫瑪莉安來。」史塔哲說，「我們需要那顆肝臟。」

「我就在這兒，湯姆。」瑪莉安抬起保冷箱，放到架子上打開蓋子。她拿手術刀切開繩子，打開前兩個袋子，卡洛斯伸手拿出第三個袋子，放到裝著碎冰的水盆裡打開。

「喔。」史塔哲過了幾分鐘才回應。他抬頭看到卡洛斯正在檢查這顆新肝臟，「很好。」他說。

當晚稍早，我們從器捐者腹腔取出肝臟後，留下一大塊空洞，我感到敬畏，但沒有太多感覺。捐贈者已逝，那只是一副屍體，我在實驗室或太平間看過很多從屍體裡取出來的東西，那些年我們就是這樣學會人體解剖學的。

史塔哲取出史汀森醫師的肝臟時，用夾住大靜脈的夾鉗舉起肝臟，像把小妖精的頭從脖子上拔起來一樣。史塔哲把淌著黑血的肝臟放進盆內，我看著尚恩把它交給護士，放到後面的桌子上。我看著原本肝臟所在的窟窿，除了一片狼藉，什麼都看不到。我很難理解，我們要如何修復這個可怕的問題、這片難以想像的空洞。

當史塔哲叫人拿新肝臟來時，卡洛斯用裝著冰水的袋子把肝臟送過來，湯姆伸手進去，像拿鮪魚塊似地取出肝臟，放到毛巾上。血色盡失的肝臟泛著光，飄起一些寒氣，尚恩用雙手捧著，露出上方大靜脈的開口。史塔哲先縫幾針固定，然後把肝臟低放到定位，再由尚恩和卡洛斯拉起縫線打結。

「看在老天的份上，快點。」史塔哲說。他把接近他那邊的縫線綁好，尚恩則處理自己那一面。

接著他把新肝臟移縫好，我不敢相信眼前所見，後來我自己雖也做過千百次同樣的手術，但那晚對我而言，簡直是外科手術巔峰，因為我們必須跟時間賽跑，接合每一條血管。肝臟一旦離開冰塊，便會慢慢回溫，我們得在四十分鐘內讓血液流進肝臟。我試著幫忙剪最後一根縫線，那是接合門靜脈的線，卻因剪得過短，致使縫線整個鬆開，完全被我搞砸。史塔哲只得重新縫合門靜脈，你在猶他五年，法蘭克．穆迪他媽的沒教會你任何事嗎？每次我一有動作，尚恩就對我搖頭、瞇眼、發聲警告。我覺得雙腳開始發抖，卻只能放慢呼吸，希望自己不要昏倒。然後縫合結束了，尚恩從眼鏡上面望向麻醉醫師。

「準備好了嗎？」尚恩問。

麻醉醫師跳起來提高靜脈輸液的流量，眼睛來來回回，看著監控螢幕上的各種訊號。

「是的，」他說，「我想我們準備好了。」

「好，來吧，」史塔哲說，「留心點，你一定要很確定！」

史塔哲把手伸向肝臟頂端，用左手用把肝臟往下拉，右手握住夾在上腔靜脈的大夾鉗。

「可以了嗎？」

他瞄一眼麻醉醫師，沒等他回應，便鬆開上腔靜脈的夾鉗，然後取掉下方的鉗子。當靜脈血液開始流入一部分區域，肝臟看起來像是冒出了一個紫色的胎記。史塔哲候著，觀察有沒有大出血，確定沒有滲血後才鬆開門靜脈的夾鉗，肝臟迅速灌飽血色，原本的胎記被快速在表面蔓延的明亮顏色所取代，直至整個器官變成了棕紅色。史塔哲四下翻動肝臟，前後左右上下檢查，拿小紗布東塞西填一番，再把肝臟放回定位，然後從手術台退開。我好想恢復呼吸，但不確定還能不能。

「尚恩。」他喊。

「你要處理動脈嗎？」尚恩問。

「你先處理好這邊才行，」史塔哲說，「我要它乾得像骨頭。」

我讓到一邊讓史塔哲退下來，等尚恩從手術台那邊走到我身旁，史塔哲已經走出門了。

我深吸一口氣，感覺鞋子裡的凝血嘎吱作響。

「他去抽根菸。」尚恩操著他的口音說，「乾得像骨頭？他是在說什麼？這已經乾得像骨頭了。」

「你要休息一下嗎？」卡洛斯問尚恩，「我會留下來再處理一會兒。」

「你先去。」尚恩說，「等他回來我再去抽菸。」尚恩看著我問，「你要休息嗎？」

我搖搖頭。

「很好，到另外一邊去。」他說。

尚恩把肝臟怎麼擺，洪醫師便握著肝臟固定不動，我們則是忙著取出紗布，找到一些小出血，一一縫好，直到尚恩抬起頭，要求「很多紗布」，然後將肝臟四周的縫隙填滿。

「乾得像骨頭。」我說。

尚恩嘟囔說，「我們再等等。」他要了張凳子，坐在上面低頭閉目。

洪醫師也放鬆下來，開合著十指，用力甩著。

「抽筋啦？」我問。

他看著我哈哈笑了，把手放在鋪單上，眨著眼睛。

「拉太久了。」我模仿他用兩手拉勾的樣子說。

他再度揚聲大笑，左右搖晃移動重心。

「你家在哪兒？」我問。

他眨幾次眼睛，然後探手拉起腹部墊的一角，看了一眼肝臟，又放下腹部墊，用手指輕輕敲著肝臟。

「很好的肝臟。」他笑著說，「今天肝臟很好。」

我看著監視器，擔心心跳速度有點太快。我用力閉起眼皮，覺到一陣刺痛，我又眨了幾下，四下尋找另一把凳子，卻無所獲。我累到像一坨碎布，一心只想睡覺。

也不知過了多久，半個小時？一個小時？我毫無頭緒，但史塔哲回來了。尚恩立刻跳起來，坐凳滾過地板，撞到一個金屬桶子，洪醫師哈哈笑著醒了。我張開眼睛，找到吸頭，用它來清理腰間手術鋪巾皺摺裡的積血，血量比我預期得還多。

「看看情況如何。」史塔哲說著把手塞進第二個手套裡，他不小心被踢桶絆倒，乳膠手套口啪地一聲拉斷了。洪醫師趕緊抓住他的手臂。

「你在幹嘛，洪？」史塔哲掙開洪醫師的手，踹了桶子一腳，然後站到洪醫師和我之間。他一把搶過我的吸引器，同時扯下無菌區變黑了的手術巾，往旁邊一扔，丟在洪醫師的臉上和袍子上。

「洪，你被污染了。」史塔哲說。

洪醫師退下去換新袍子和手套時，史塔哲檢查肝臟四周，吸出積血。我聽到他跟尚恩說了些什麼，尚恩沒有出聲，盲目地用吸引器四處探查，同時盯著手術台對面，低頭苦幹的史塔哲頭頂。

「握住這個。」史塔哲說，「快，他媽的！」

他是在說我。我伸手進去拉住腸子。

「要像這樣！」他將我的手用力往下推，但從我站的地方，根本無法朝那個方向使力。

「媽的，他做不到，尚恩！你得幫他。」

我望向尚恩，他不知為何定住不動——或許是太累了。

「我操你媽的去死！」史塔哲說，「不相信生命的人通通給我滾！」

尚恩突然間換檔進入高速度。我到後來幾個月才知道，他的快版動作是刻意的，以展現他嚴肅看待生命，會盡其所能協助的態度。另外這也表示，他覺得史塔哲的動作再一個不小心，就會造成麻煩。我認為史塔哲醫師向來知道他想怎麼處理問題，可是他對我們或者不願意講，或者講不清楚。於是便叨念我們不用心、礙手礙腳、注意力渙散，無能，直到有人終於把事做對。洪醫師懂得何時該躲開他的拐子，但最終都是尚恩收拾殘局，且極為熟練。大部分時間如此。

這時卡洛斯也回來了，在他的控制下，小腸不再妨礙手術了，這是我做不到的。史塔哲用小夾鉗夾住史汀森的動脈。

「神奇眼鏡。」他說。

「什麼？」刷手護士問。

「還有請吳醫師來。」史塔哲說，「我需要吳的力量。」

卡洛斯叫流動護士叫珊蒂來。「吳沒有呼叫器，」他說，「珊蒂可能知道她在哪裡。」

尚恩告訴刷手護士，史塔哲要的是他的放大鏡。

等待時，我們看史塔哲再三調整他的放大鏡，這副放大鏡是舊型、非客製的產品，上面有滑動螺桿，可以順應各種臉型做調整，並將鏡片各別上下前後移動。

「媽的，尚恩，你用過這副放大鏡嗎？」史塔哲問。

「我從沒用過你的神奇眼鏡。」尚恩說。

「有人用過了。」史塔哲試著用蓋著手術巾的手去調整，「本來調得剛剛好。」他說。

「真的沒有人用。」尚恩低聲說，「根本沒人知道這副神奇眼鏡放在哪裡。」

「馬的，別和我強辯，尚恩。」史塔哲把手術巾摜在地上，用戴著手套的手轉螺絲、滑動鏡片，沿鼻樑上下推動鼻樑架。

大約就在此時，沉穩而威權的吳醫師到了，史塔哲不再撥弄他的放大鏡，轉而看著腹腔裡的動脈。

吳醫師站在我對面不遠處，但我只看到她露在手術台上的一顆頭，臉部幾乎全埋在紙製的口罩裡。她動也不動地站在陰影裡，史塔哲似乎不必用眼看就能知道她在那兒。

「吳醫師，」他說，「請幫我一下。」

吳醫師點點頭後消失了，史塔哲要我拉住某個東西，卡洛斯拿著吸引器在腹腔內四處戳。片刻之後，我看到吳醫師重現江湖，穿戴手術袍及手套，宛若搖滾巨星，從尚恩和卡洛斯之間冒出來。

「我休息一下。」尚恩說。

「不行，尚恩，現在不行。」

已步下台子的尚恩停下來，雙手交疊著。「吳醫師已經來啦。」他說。

「什麼？」史塔哲抬起頭，「噢，吳醫師，很好。」

「所以我現在可以休息了嗎？」

「什麼？噢，好，去吧，尚恩。」

尚恩離開後，吳醫師站到他對面把妨礙手術的線頭拉開，史塔哲將兩條動脈的切口縫合，動作無比流暢，是我整晚見過最順暢的手法。我在新臨的靜謐裡，聽到他冷靜的呼吸聲。當他鬆開夾鉗時，血管開始跳動，他縫了一針修補小出血，然後站起來檢查肝臟表面。他用雙手輕揉，接著拿起肝臟檢視後方與下面的情形，然後再把肝臟擺回去，再次揉一揉。

「這是顆完美的肝臟。」他說。

飽含氧氣的血液流進了肝臟，為表面殘餘的暗沉區注入明亮的粉紅。

「你們瞧。」他說。

說完史塔哲就走了，吳醫師也消失了，卡洛斯、洪醫師與我面面相望。

「你何不休息一下？」卡洛斯說。

洪醫師靠向我，我看到他抬起手肘，指著手術台外的地方，然後點點頭。

「沒關係，」我說，「你去休息吧。」

「我去去就來。」卡洛斯說。

洪醫師和我設法交談，他來自上海，吳醫師是南京人，還有位明醫師（Ming）來自武漢。洪醫師說他知道猶他州。

「約瑟夫・史密斯❺。」他說。

「楊百翰（Brigham Young）。」我說著哈哈笑了起來。「耶穌基督後期聖徒教會。」

洪醫師歪著頭。

「就是摩門教啦。」我說。

「是了！」他拍了一下我的手背。

我問他吳醫師的事。

「她是南京人。」他說。

「史塔哲為什麼要請她過來？」

洪歪著頭，前後地晃著。

「感覺上，史塔哲好像認為她有某種神秘力量。」我說。

「吳醫師，」洪醫師說，「她來自南京，我來自上海。」

尚恩回來了，他叫我去休息，我恭敬不如從命。我到休息室喝了些咖啡壺裡的溫咖啡，咖啡顏色像泥水，我發現已經有人在裡面加奶油或奶精了，也有可能是牛奶。我只有一個人，咖啡愈喝愈覺得疲倦。

❺約瑟夫・史密斯（Joseph Smith），美國摩門教創始人。

我扔掉紙杯站起來，晃到手術室後面的走廊上，有人在我們的開刀房外留下一個擔架床，可能是為史汀森準備的吧。我跳上去躺下來，準備小憩一分鐘。

有位護士把我搖醒，說她需要這個擔架床。我想我大概睡了二十分鐘，也許半個小時。我回到開刀房，盡可能貼近看。我站在那裡盯著切開的腹腔，試圖理解他們在做什麼。

「請問有什麼事嗎？」

有位護士走到我身邊，試圖看清我的臉，這是個不同的護士。

「我想我該刷手加入手術。」我抬高雙手說，「八又二分之一，棕色。」

「對不起，請問你是誰？」她問。

我告訴她，我是新來的移植研究醫師，我剛出去休息了一下。

「噢，」她說，「你來遲了，這床刀是瓦特生醫師開的膽囊。」

我看著時鐘，已過早上十點，我睡超過四個鐘頭了。

「歡迎觀摩。」

一名灰髮戴絲邊眼鏡的外科醫師，在手術台對面看著我，「你說不定能學到一點東西。」

他說，「這位拉德瓦斯基醫生已經成為相當優秀的外科醫生了。」

我去換裝時，尚恩在外科醫師的休息室裡抽菸。

「精神都恢復了？」他問。

我給自己倒了一杯泥色咖啡，坐在他旁邊的椅子上。

「我睡著了。」我說。

「卡洛斯說你回家睡覺了。」

「我只是躺在後面走廊的擔架床上。」

尚恩吸一口菸，朝頭上吐出半打煙圈，「史塔哲說你太弱了。」他說。

我覺得胃一揪，尚恩用食指和中指夾著菸，手腕向後翹著，咖啡聞起來都是菸灰味。

「他說你訓練不良。」

我不知道該說什麼，尚恩又朝頭上吐菸，重新翹起二郎腿。

「我有錯過什麼嗎？」我問。

尚恩從不眨眼。

「除非他休息，否則絕不能休息，而且一定要在他回來前先回來。在病人未停止出血前，也不能休息。」

我告訴他，我不需要任何休息。

他嘟囔道：「別鬧了。」

我離開休息室的尚恩，在加護病房找到史汀森醫師。

「你是新來的研究醫師嗎？」負責照顧史汀森的護士穿了件粉紅色罩袍，上面有海豚在游泳。她交給我一本活頁簿，書背上寫著史汀森。

「我們需要醫生的指令。」她說，「實習醫生叫我呼叫你。」

我從她手上接過病歷，翻到醫囑那頁，上面完全空白。

「你跑去哪裡了？」她問。

她是在跟我說話。

「我還沒有呼叫器。」

「原來如此。」她說。

我們大眼瞪小眼了一會兒。

「有什麼囑咐嗎？」她問。

我點個頭，從櫃台下拉出一張凳子坐下來，然後伸手拿筆，可是我的口袋空空如也。護士從罩袍口袋裡抽出筆，按一下交給我。「別弄丟了，否則我追到夢裡跟你討。」

我拿起病歷走進史汀森的房間，他還裝著呼吸器，傷口上的敷料看起來乾了，且腹部十分平整。尿管裡滿是黃色的尿，管子一端的尿袋已經半滿。我握住他的手，彎身靠向他，請他握一下我的手。我不預期他會有反應，甚至在看過手術的狀況後，根本沒敢期望他還活著，但我感到一陣抽動。我請他握一下，這次他握得更重了。

「你的移植手術完成了，」我貼近他的耳朵說，「你會好起來的。」

4.「修理」人的外科醫生

我還記得半夜裡，被父親吹著口哨走在木地板上的聲音吵醒，例如他到醫院出診回來，有摩托車撞車，必須鋸掉一條腿的那天。我總是能很快再度入睡，因為我相信爸爸能解決任何問題。

爸爸治療我不僅一次。我在學會走路前，推著嬰兒車跌下前陽台，額頭撞在人行道上裂傷了，老爸幫我縫合傷口，母親的橋牌牌友評論說縫得無懈可擊。三天之後，我推著嬰兒車衝破紗門，又把完美的縫線扯裂了。直到今日，我的額頭還掛著一條斜疤。

等到我上大一，老爸大概又幫我縫了六、七次，其中四次傷在臉上或頭部，剩下的傷在手腳。

九歲那年的冬天，我玩《沼澤之狐》（*Swamp Fox*）時，在床邊護欄上把臉頰給撞裂了。《沼澤之狐》是那年或那個月我們最愛的迪士尼電視影集，那天我在最要好的朋友吉姆家過夜，我當狐狸，吉姆扮演邪惡的英國紅衫軍塔勒頓上校。

按照劇情，上校在沼澤裡追狐狸，狐狸鑽入垂掛在老柏樹的法國苔下，尋找掩護，其實也就是吉姆家的下舖。衰運加上沼澤裡危機四伏，地毯從腳下滑開了，我的跳距一下縮短，然後狐狸突然就流血了。

吉姆媽媽讓我坐到廚房桌上，拿冷抹布輕輕擦拭我的臉，吉姆爸爸在她肩後看著。

「唉呀，傷得不輕。」他說。吉姆爸爸在彭寧頓麵包公司上班，在家也穿著紅白相間的工作襯衫。

吉姆媽媽說也許得用一些閉合傷口的蝴蝶貼。

「埃米爾，」她說，「打電話給蕭醫師。」

吉姆家的前門從來沒人到訪，除了我老爸之外，那天他戴著冬帽，就是邊緣很窄，還有耳片的那種帽子，天氣真的很冷時他會把耳片從帽子裡拉出來。老爸看了一眼，說我需要縫兩針。

爸在車上默不作聲，我坐在那裡，好希望他能說點什麼，比方現在有種新的技術可以麻痺傷口，完全不痛；他們找到方法消除掉醫院裡令人害怕的化學味；還有那種非常明亮的燈——當你躺在那裡瞪著天花板，腦子裡每個聲音都叫你跳起來朝門口跑時，卻刺得你眼睛發花的燈——這個星期剛好故障了。我們開到醫院，看到紅色霓虹燈寫的急診室三個字，我想老爸打算在更明亮的燈光下檢查我的傷口，並決定給我貼兩個蝴蝶貼。學校裡有個小鬼貼過蝴蝶貼，而且不必縫針。

我躺到手術台上，臉用綠色手術巾半遮著，護士告訴我她家貓咪的故事，我聽到父親在走廊吹口哨，還有流水聲，知道他正在刷手，等他向護士道謝，聲音已在身旁了。接著我聽到乳膠手套啪嗒地戴上，然後坐凳的金屬輪子朝我滾來。我很想看，但手術巾只露出一條窄縫。我聽到金屬碰撞噹啷錚響，知道爸爸準備要用那種前面裝著銀色長針的玻璃注射器了。

「好，來了。」他在我旁邊說，「你會覺得像被蜜蜂叮到。」

麻醉藥比針頭感覺還痛，而且比印象裡的任何蜂螫都還灼燒。

接著疼痛消失了，我感覺爸爸推著我的臉，但皮膚好像跟我剝離了。我感覺他在縫合，下針時臉會被往下推，縫線時皮膚會有詭異的拉扯感。我透過窄縫，看到爸爸部分的臉龐，他的絲邊眼鏡在燈光下閃著。爸爸將終線拉到最高點時，我瞄到夾在銀色夾鉗裡的彎針，他用戴著棕色手套的手指操作環形手柄。我躺在那裡，被綠布半掩住臉，空氣裡瀰漫著消毒水的味道，父親雖近又遠的聲音，令我感到安全。

在面臨如此可怕的情況下，能讓一個人感到安全，是何其強大的能力。如今回想起來，不知當年的我，是否已覺察到那份力量了。

5. 俄亥俄的英雄

家父是外科醫師，無論從任何角度來看，他都是位醫術極為高明的大夫，包括從我瞭解外科醫生這個行當之後去看。我們家住在俄亥俄州中南部，最平坦的某個郡裡，小城人口約一萬兩千人。我到十歲，才發現爸爸是城裡的大英雄。他可以把人切開，拿掉不該有的東西，或把沒被玉米收割機碾爛的手指縫回去，或把攪壞的腳截掉。每次我們去傑傑快餐或安德森小館吃飯，我都會看到人們纏著他不放，也不管我們正在吃飯。有個傢伙走過來拉起他的上衣，露出肚子上的疤痕給我們看；老婆婆給老爸熊抱，一邊提到子宮；一個戴牛仔帽的高個子將手臂縮了又伸，說「比新的還好用，醫生」。

我並非從小想當醫生，十歲生日後的幾個月，在佛羅里達水晶河裡和海牛一起浮潛後，我的志願便從當消防員改成海洋生物學家了，我想一輩子背著水肺，觀察水下的每一件事物。十一歲時，我還沒學會潛水，卻已經怕得潛水夫病了，所以我把減壓表整個背起來。我的科學作業多半是關於水肺的發明，及潛水調節器的原理。我知道雅克．庫斯托❻的每一件事，他在一九六〇年告訴《時代》雜誌記者：「在水下，人人都是大天使。」我拿到一些潛水設備的目錄，開始存錢，我割草鏟雪掃落葉，買了一條配重帶、一個三十八立方呎的氣瓶、一個兩階段式調節器，和一雙新的噴射蛙鞋。每個人都說我應該追隨父親的腳步，但我認為海洋生物有趣多了。

有很長一段時間，我一直以為父親不在意我將來的志向，但有一晚在餐桌上，他告訴我海洋生物學家賺不了錢，「而且一艘好船得花掉你一大筆錢」。那是在母親罹患癌症前的事，媽媽過世後，我便不太想當海洋生物學家，不再閱讀與浮潛相關的事，而開始擔心如何才能在看電影時，摟住帕蒂的肩膀了。幾年後，我初次駕照考試沒過，詹姆士．龐德便取代了我的偶像雅克．庫斯托，而我賺的錢，則通通拿來帶帕蒂去哥倫布市的林肯飯店，吃週五的海鮮吃到飽。

我終於考到駕照了，我開始認為醫生只是社區裡的騙子，倒不是老爸做了什麼讓我有這種感覺，我只是覺得對他們的崇拜沒道理。醫生只是盡他們的職責；拿錢救人、治療肺炎、糖尿病、拇囊炎或趾甲內生。取得駕照後，我的世界觀變得複雜多了，我認為醫生似乎都過度沉溺於他人的尊敬。我不想把自己看得太重要，我心目中的英雄都是低調謙虛的人。老爸很可能覺得我矯情，尤其是有一次在安德森小館，有患者問我是不是打算追隨父親的腳步，我說絕對不會，彷彿那是天經地義的事。

❻雅克・庫斯托（Jacques Cousteau，一九一〇～一九九七），法國探險家及生態學家，水肺發明人之一。

6. 親密關係

母親過世時，我失去了對上帝、醫生和父親的信心，不管是什麼理由，反正他們沒有一個人能救活她。多年以後，我才瞭解到父親的痛，但在那段期間，我只覺得自己被拋棄了。十八個月後，爸爸再婚，雖然我知道比莉不是為了要取代媽媽，但老爸和我變得越來越疏遠。我認為這只是成長的一部分，是成為男人的必經之路。整個高中時期，我絲毫未覺爸爸在乎我長大後想做什麼，如果青少年時，媽媽還在，或許就會有人鼓勵我選擇未來的方向，可是老爸呢？有時候，我甚至覺得他不希望我從醫，但我懷疑他是用奇怪的激將法在激我。

我十七歲時，老爸才肯借我他的福特雷鳥敞篷車，當時正值夏季，我想載帕蒂去露天汽車電影院，但我得先洗車跟打蠟，所以星期五中午剛過，我就去醫院跟老爸換車。

他在急診室，某位護士帶我去他的治療間。

「你剛好趕上，」他說，「站到這裡。」

父親戴著淺綠色的手術口罩，身穿淡藍色手術袍和黃色乳膠手套。一位上了年紀的婦人俯臥在台子上，台子中間彎折，使她的臀部朝天花板斜斜突起。一條銀色細管從蓋住她下半身的綠巾子裡伸出來，父親一手握住管子，用另一隻手指著要我站的地方。我繞過去，看見管子鑽入婦人的屁股，她似乎沒有特別不適。一名護士站在她身邊，不時對老婦低聲說話。

「你看得見嗎？」老爸問。我點點頭，覺得有點反胃。

「來，靠近一點。」

我說我站在這裡就好。

「不行，靠近一點。」他說，「否則你會錯過最精彩的部分。」

老爸將注意力調回管子上，透過管子一端的玻璃蓋向裡面瞧，並不時捏兩下管子側邊的橡膠球，把空氣打進腸子裡。他好像把管子往婦人的屁股深處推，她只要稍一呻吟，爸爸就立即暫停，把管子搖一搖，再往前推進幾公分，他在整個過程中不停說話。

「這位史邁立女士住在寧靜橡木林那邊，今早起床的時候腹痛又嘔吐。」

扭一下，左右搖一搖，推一下，病人呻吟一聲。

「她患了腸扭結，」老爸看著我，「就是腸子扭在一起了，我們要把它扭開。」

爸爸終於停住了，「你確定你看得清楚嗎？因為最精彩的來了。」

我往前靠近些，胃都快爬到嘴裡了。我穿著白色T恤，毛邊牛仔褲和涼鞋，必須微微彎身，用雙手撐住膝蓋，才能看清巾子下面。我離管子的末端還有將近兩公尺的距離。

「來囉！」老爸旋開封住管子尾端鏡片旁的小螺絲，打開玻璃蓋。一股黃色的液體從管子裡噴出來，濺得我腰部以下滿滿都是。房間裡充滿我聞過最噁的臭味，我向後跳開，兩手攤開，站在那裡。我一陣乾嘔，用手掩住嘴巴，這才發現手上也淌著褐色的黏糊，裡面還點綴著一顆顆的黃玉米粒。

「還想當醫生嗎？」他先是大笑，然後對護士說了些話。護士離開，火速拿了兩條白毛巾、一罐紅色液體和一條綠色的手術褲回來，她說那是消毒肥皂。護士帶我到大水槽，教我如何踩下面的踏板來開水，然後拉起簾子，讓我獨自換褲子。

等我弄完，爸爸已經走了，病人躺在推車上。護士走過來查看我。

「這些最好扔了。」她指著我扔在地上的髒短褲說，然後把推車推下走廊，然後又回來。

「喔，對了，他把鑰匙留在前面櫃檯了。」

在露天汽車電影院，我強力遊說看彼得・奧圖主演的《偷龍轉鳳》，但我的女友選擇看《獅子與我》，其實看什麼都無所謂了。我沒有告訴她在醫院發生的事，那情形卻盤踞我腦海。我覺得噁心，也很氣老爸那麼混球，可是卻又有種無法解釋的刺激，那種與人體的親密關係，感覺像某種權柄。

7. 初入手術室

一九七二年，我大學畢業的那個暑假，鮑比．費雪在雷克雅維克打敗鮑里斯．斯帕斯基，登上世界棋王的寶座；珍．芳達訪問越南；美國最後一批地面部隊自越南撤離；八名「黑色九月」的成員在慕尼黑殺死十一位以色列奧運代表隊員；那次奧運中，馬克．史畢茲獲得七面游泳金牌；柏恩斯坦和伍德華揭發了水門事件；艾格尼絲颶風肆虐東岸，造成一百一十七人死亡；衛生官員公開塔斯基吉梅毒實驗的細節。這些都是世界大事，但我並未多予留意，二十二歲的我只在乎如何從收割小麥、捆乾草、閹豬、密封瀝青，及任何其他的暑假雜工中脫身。醫院裡有空調又乾淨，待遇也不錯，於是，在黑山洪水造成兩百三十八人死亡的四天前，在我開始讀醫學院的前三個月，我在俄亥俄州華盛頓市的費耶特郡紀念醫院手術室，找到一份刷手護士的工作。我的老闆是老爸和他的夥伴ＴＪ，對我而言，外科醫師還不是我的理想。

我的繼母比莉教我如何做刷手護士，如果我戴手套時不知不覺犯了錯，她就叫我回水槽重新刷手。假如我有一隻手垂到無菌罩袍腰線下一公分的地方，她就提醒我，腰部以下的一切，都有可能感染，並叫我回水槽；如果ＴＪ要的是粗短的止血鉗，我卻遞給他細長的那種，比莉便用鉗子敲我的手背，然後把他要的鉗子遞給他。我很想說，後來我漸漸懂得感謝她的管教了，可惜我沒有，因為她若給我機會，我絕對會以最嚴苛的方式律己。我去上班時深怕自己承受不了——手術刀劃過皮肉拖出的血痕、麻醉機的空氣進出聲、消毒水令人作嘔的甜味，所有一切，都不及我對比莉的畏懼，或許就是因為那樣，我才能撐過手術室吧。

我無從判斷外科技術的好壞，但是我很快發現爸爸和ＴＪ的差異。他們都很厲害，而老爸的游刃有餘和迅捷令我十分著迷。我在那兒的第一個暑假，學會跟上ＴＪ的速度，但我老是拖累老爸的步調。他的腦子跑在雙手的前三步，而我落後一切兩步。他會伸著手，等我遞上持針器，我則忙著從幾十幾種持針器，分辨他可能要哪種，以及放在什麼地方。

第二年的暑假我好多了，他們升我為手術助理。我已念了一年的醫學院，雖然讀得深惡痛絕，但覺得自己在手術室裡挺管用——僅管學校所學，在那裡一點都派不上用場。比莉開始不管我了，手術助理不需要管理器具，醫師們應該覺得鬆了口氣吧，老爸大概又比起ＴＪ更如釋重負。現在我的工作包括拉勾、剪線頭，其他就是別去妨礙刷手護士、外科醫生，還有家醫科醫師。這些家醫科醫師總喜歡刷手進手術室，對他們病人的治療下指導棋，他們一定認為我是不折不扣的眼中釘。

8. 融入

讀醫學院的前兩年，我在社區醫院打工，協助那裡的外科醫師，有時是有給職，有時則是義工。我發現有些外科醫師不是很好，有些甚至極不入流。我希望自己是訓練有素、經驗豐富的手術助理，盡力幫忙，可是大部分時候，他們都叫我別動手，少給意見。有位刷手護士說我應該考慮去當牙醫，那位我見過最糟糕的外科醫生聽了哈哈大笑。

「或許當個病理科醫師，」他說，「這樣就永遠來不及造成傷害啦。」

醫學院二年級升三年級的暑假，我在西克里夫蘭一家醫院當手術助理。那邊的外科醫生非常勤奮有效率，也非常自信，幾乎跟我老爸一樣優秀。有些醫生動的手術比老爸的刀更複雜，我見識到外科領域更開闊的可能性。我和一名叫亞山的年輕手術助理一起工作，他在自己國家已是獨當一面的醫生了，但他想到美國做住院醫師訓練，「噢，那是為了成為最頂尖的醫生。」他說。亞山醫生教我如何幫靜脈淺淡的病人打靜脈注射；如何在鎖骨下的大靜脈插管，然後一路將管子鑽進心臟，而不會刺穿肺部或附近的動脈；以及如何幫每位外科醫師準備手術。有時候主刀醫師把頭探進門裡，要亞山先開始，說他一分鐘後就到。有時候，一兩分鐘變成了二十分鐘，等主刀醫師抵達時，我們已經打開腹腔，把牽引器架好了。主刀醫師會四處查看後，笑著說：「非常棒，亞山。」

亞山會解釋自己的每個動作與原因，有一次他讓我下刀。記得老爸曾教我如何持刀快速切過皮膚，讓刀刃直接切入肌肉，但是我從來沒有親手試過；亞山要我下刀時，我的力道有些過頭，刀片穿過皮膚及底下的脂肪，直接進入肌肉與肌腱的接合處，差一點就穿透最後一層進入腹腔了。亞山和我都倒抽一口氣，我的心臟都跳到喉嚨了。

「喔，天啊。」亞山說。他瞄了一眼刷手護士，她低下頭，看著盤子搖頭。

「對不起。」我說。

亞山抓起紗布擦拭切口，我們看到出血極少，原來我直接切在正中央，完全沒有傷到肌肉。我們聽到門外水槽的沖水聲，知道主刀醫師正在刷手。亞山遞給我一把鉗子，他的手有點發顫，我知道他想在那扇門打開之前，把腹腔打開，放好牽引器。我們順利完成了，主刀醫師走到手術台，檢視一切後，隔著口罩對亞山笑了笑。

「非常棒，亞山。」

那天中午亞山邀我去他的公寓用餐，我第一次吃到咖哩和印度香米，他喝一口茶，靠在椅背上，然後看著我搖搖頭。

「今天我們運氣很好。」他說。

我點點頭，吞嚥道：「我知道，我差點沒嚇死。」

他告訴我哪裡做錯了，像我那樣一刀直入但不至割得太深，需要大量練習才辦得到。

「你很有可能在直腸上切個大口子，或把直腸切成兩半。」他說。

「或胃，或肝臟。」我說。

「那咱們兩個就都會被炒魷魚了，」他說，「我絕不能被開除，你知道吧？」

我點點頭。

「我小心翼翼，按自己的計畫行事，沒把握的事不做，不懂的事也不做。」

「我知道，我——」

「我有老婆和寶寶要照顧，我們絕對不能被開除，或出任何憾事，所以我們一定要謹慎行事，一刻不得放鬆。外科醫生必須永遠步步為營，而且我又必須格外謹慎。」

他站起來把盤子放到水槽裡。

「喜歡咖哩嗎？」他問。

9. 精神科的挫敗

外科實習第三年，我總是急著展現自己的本領——打結打得比實習醫生好、牽引器放得讓手術部位更清楚、線頭剪得長短適中，但我總是一再遭到回絕。後來我才明白，他們願意讓我加入他們的小組，但我必須瞭解自己的位階是在最底層。我很挫折，倒不是因為空有本領不受肯定，而是因為我看過太多同樣的手術，在爸爸和ＴＪ主刀下，變得快捷而容易多了。只要我能信任船長，我不在乎當個忠誠的水手。有一次開了一台三小時的膽囊後，我告訴總醫師說，我見過父親用二十九分鐘完成同樣的手術，包括照X光等各種檢查。

「滿口胡說八道。」他說。

在外科輪訓之後，接著得到精神科受訓，當時我被派在克里夫蘭榮民醫院，對於接下來的狀況毫無概念。我從沒遇過精神科醫師，真的不清楚他們在做什麼。但是我很好奇，自以為當精神科醫生，也許更能發揮作用。

我被分到的第一位病人，是四十出頭的黑人艾克。艾克說他失去了「本色」，後來我才搞懂他有勃起障礙。我還發現艾克有憂鬱症，是酒精成癮的累犯。我們談了很久，他似乎不認為喝酒是個問題，打架都是別人先動的手，他的女友們完全不瞭解他，但那些通通不是重點，他只想尋回他的「本色」。

「讓我去看治屌的醫生，」他說，「我知道你們這裡有，很多榮民都有這個問題，看過屌醫生後就都搞定了，你懂我的意思吧，醫生？」

「我認為你的弟弟無法勃起，是因為你喝太多酒了。」我說。

他說我講的是狗屁，從來沒有人對他說過這種話。

我給他匿名戒酒會的時間表，並叫他下週初來回診，我想看看他的狀況。

我向指導醫師報告這個病例，他說除非艾克肯戒酒，否則任何治療都不值得一試，他還說，我們沒有理由讓他看泌尿科，他認為艾克有憂鬱症，但我們沒辦法給他開藥。

「只要他酗酒，就不行。」他說。

那個週日，榮民醫院總機轉接一通電話到我家。當天我們有朋友過來一起晚餐，我正在用木炭升火。

「醫生，你一定得幫我。」

是艾克打來的，他說他受夠了。「我已經走投無路了，醫生，你知道我的意思吧？」

我說我不懂。

「這樣講好了，你仔細聽好，行嗎？聽就好了。」

我聽到喀的一聲，緊接著是更大的金屬撞擊聲，聽起來像我的點22左輪手槍扳機，只是更大聲。

「知道那是什麼嗎？」

我扯謊說我不知道，他要我再聽清楚，然後又扣了一次扳機，這次還放慢速度，讓我聽到槍機滑動，以及擊錘落下的聲音。

「這下你知道了吧，別騙我，醫生。」

我問他想怎樣，他說他豁出去了，他厭倦這樣苟活，男人若失去「本色」，連屁都不是，還不如一了百了。

「我要把腦袋裡的廢渣給轟出來。」他說，「懂我的意思吧，醫生？」

「把你的電話給我好嗎？我去聯絡一下，看能不能接你到榮民醫院來，好不好？」

他說榮民醫院根本是狗屁，「他們幫不了我，」他說，「你跟他們全都一樣，如果你明白我在說什麼。」

我沒有處理這種狀況的經驗，我要到他的號碼後，打到榮民醫院總機，要求與我的指導醫師說話。我拿著話筒等總機小姐轉接，醫生回話後，我告訴他艾克的事，說我非常擔心，但不知是不是應該打一一九或是警局之類的，也許艾克應該住院。

「你怎麼會有我的電話號碼？」他問。

我說是請總機轉接的，他說我不該在週日打電話到他家。他說艾克是個很會玩弄別人的酒鬼，他很自戀，絕對不會自殺，我應該叫他照安排的時間回診就好。

然後醫生就把電話掛了。

我試著打電話給艾克，但沒有人接聽，他再也沒回診，我在報上也沒看到有人自轟腦袋身亡的消息。

我覺得蠢斃了，我早該知道的，或許指導醫師在說明如何處理這種狀況時，我又睡著了，我好希望能有機會反敗為勝。

機會不到一個星期就降臨了。有天晚上我在榮民醫院值班，醫院夜班通常大概收治六個病人，只寫個病歷，做點基本檢查，但克里夫蘭榮民醫院的夜班卻不然，我們要兼做化驗、照X光及推病人。

大約晚上八點半，第六位患者就來了。五十七歲的穆蘭先生有憂鬱症病史，他說到診所看病沒有用，已起了厭世的念頭，所以有人叫他到這裡住院。我請他坐到輪椅上，推著他到化驗室，幫他抽血，要他尿在杯子裡，計算他的血球數，做尿液化驗，再把結果寫到病歷上。接著又送他去放射線科，詢問他的體重，看著貼在門上的表格，搞定X光機，請他站起來，照了兩張X光片，在穆蘭先生的注視下，把片子送進顯影機，再放到看片箱上。

穆蘭先生半句話都沒說。

我推他進病房後，坐下來寫他的病史，發現他有一位二十歲的女兒。穆蘭先生一口咬定女兒很恨他，說她四處勾搭男生，跟很多男生上床，他試著管教女兒，但女兒完全置之不理。他說自己只是個蠢老頭，不如死了算了，反正女兒依舊我行我素。他邊說我邊開始檢查他的身體，檢查到他的腹部時，發現中央肚臍附近有團大腫塊，硬邦邦搏動著。我拿聽診器細聽，聽到裡頭血液流過的聲音比平常要大。我檢查老先生他處的脈搏——脖子、手腕、腹股溝和腳——都很正常。我打斷他談論女兒，並詢問其他與動脈硬化和心臟病相關的症狀，他都一概否認。

我問他是否會背痛。

「是啊，這個星期很糟。」

疼痛會不會延至腹股溝和睪丸？

「會啊，主要痛在左邊。」他說，「這種痛好像跟背痛有關連——我沒法解釋，但有時候就是會有這種感覺。」

我告訴他，我們得回放射科，我要他躺在台子上，由右至左橫拍一張他的腹部照。老先生必須幫我拿著X光軟片盒，結果他抖個不停，我只好把按鈕交給他，過去幫他扶穩盒子，並告訴他何時按鈕。X光機的設定是我亂猜的，果然沒猜準，但是照出來的片子有我想要的結果。他的腹部有一大片邊緣鈣化的組織，朝肚臍擠過去。上個月，我在血管外科輪訓兩週時，看過這樣的病歷，我知道這就是他們所說的「蛋殼現象」，意思是他的大動脈長了動脈瘤。我在片子上做測量，就算減去百分之二十的可能放大效果，這動脈瘤還是很大，加上背痛及腹股溝的放射疼痛，我擔心動脈瘤可能會爆開。我知道動脈瘤大到一定程度後就會爆裂，而穆蘭先生的動脈瘤可不是一般普通大。

我帶他回病房，告訴他，我有些擔心他肚子裡的大血管，這條叫大動脈的血管，負責把血液從心臟輸送至腎臟，然後再到下肢。我說他的大動脈前面長了水泡，情況挺危險，因為有可能會爆開，若不馬上治療，爆開後的存活率會比現在低很多。

「所以你是說，我因為想自殺來住院，結果你發現有個問題可能幫我了結？」

我點點頭。

「這是什麼鬼世界。」

我打電話給外科總醫師，他和另外一名住院醫師及醫學院學生一起過來，檢視過後，總醫師把壞消息告訴穆蘭先生，他必須盡快開刀。

「你是指等我先處理好另一個問題之後吧。」

「不是，」住院醫師說，「我是指現在。」

他們打電話給他太太，她說她早上會過來看他，他們轉告穆蘭先生，他開始哭了起來。

他們去安排手術時，我留在病房陪老先生，我問他戰爭的事，他說二戰時，他在歐洲擔任轟炸機領航員。

「我們白天對法國及德國進行轟炸，」他說，「就像轟炸東京那樣。」

他說他的人生自此之後便走了樣，「怎麼可能正常呢？你一直認定自己會被炸成肉渣，我們只能等死，很多人也果真死了，很多很好的人。」

他再也說不下去。

「我不想談了，」他說，「你不介意我先睡一會兒吧？」

我祝福他好運，然後便離開了。

幾個鐘頭後，我到樓上手術室，發現他們已準備縫合傷口了。總醫師告訴我，他的動脈瘤破了，現已縫合。

「簡直就是顆不定時炸彈，」他說，「你的病人運氣很好。」

早上我去看他，他還昏沉沉的，但我問他問題時，他捏住我的手。

我等不急想告訴指導醫師了，距表定的報告時間還有一小時，所以我先溫習其他五位患者的摘記，並寫下穆蘭先生的處置大綱，希望發現動脈瘤一事，能給指導醫師一個驚喜。他在講課時曾提到，憂鬱症患者常會伴隨便秘問題，當直腸塞滿糞便，蓋在大動脈前面時，感覺可能會很像有動脈瘤。我知道他曾教過，所以當我告訴他實際狀況，說自己沒有因此被唬弄過去，他就會明白我不像他想的那麼愚蠢了。

事情進行得很順利，另外五位患者只是例行報告，接著我談到穆蘭先生腹部會搏動的腫塊，以及指導醫師說過憂鬱症病人會便秘的事。

「一開始我也以為是便秘，」我說，「但是——」

「你有和住院醫師討論過他的病情嗎？」他問。

我表示沒有，但我沒告訴總醫師，精神科住院醫師叫我別去煩他，除非有人想自殺。

「所有病人你都得跟住院醫師商量。」他說。

我點點頭。他又問，住院醫師可看過我其他的患者，我說沒有。

「那現在快去，穆蘭先生可能只是便秘而已。」他說，「如果沒別的事，我還有事要忙。」

「他真的有動脈瘤。」我說。

他問我到底在講什麼，我把自己做檢查、照X光片、外科總醫師開刀時的發現，以及穆蘭先生已在加護病房，情況看起來不錯，正在逐漸恢復意識的事，一一向他報告。

他罵我怠忽職守，說我沒資格做診斷，所為不合醫學倫理。我不確定他的最後一項指控是什麼，感覺他是在責怪我幫外科搶病人。

他要求看我的詳細記載，我重重吞著口水，坦承還沒寫出來，我的檢查記錄都在加護病房的表格上，如果他要，我可以抄一份給他，但我認為這位患者的情況不同，我們還沒有機會治療他的憂鬱症，就已經轉到外科去了。他說我很不負責任，我必須向他報告所有狀況，晚回報就等於沒有回報。

我非常喜歡精神病學，若能學會瞭解人心，我覺得自己可能會是個不錯的精神科醫師，不過就像我前面說的，我不認為我有辦法融入，輪訓結束，我看到指導醫師寫的考評報告，更加確定這就是問題所在。我對學院政治懵懂無知，不懂得尊上卑下，這種控制的體系，有時會凌駕於常識，未必對病人最有利。

我向精神科學生教育主任申訴這個評鑑結果，我告訴他，我因為把患者轉至外科，惹怒了指導醫師，結果病人的動脈瘤真的破裂了。主任說，他相信理由應該不只這樣，反正我已通過輪訓評鑑了，他不打算挑戰這位廣受尊重的同事。

「等你申請當外科住院醫師時，就把這個考評當做榮譽徽章吧。」他說。

10. 奇葩醫生

一九七六年夏，我到猶他州開始住院醫師的生涯，二十六歲的我很快地發現外科世界與學院的差異。在外科的執業世界，常規手術與速度代表了較高的收入（因為醫師少、成果佳）；學院則經常以教育訓練和手術的高難度為由，做為許多病例何以曠日廢時的藉口，即使根本沒複雜度或教育性可言。

有幾位技術與家父旗鼓相當的外科醫生，使我對私人執業深深著迷。當年一般外科醫師在完成住院醫師訓練後，很少會再接受額外訓練，多數在大型社區開業的醫師，最終或多或少還是會有專精的項目。我發現有位醫師幾乎只做甲狀腺和相關的腺體手術，另一位專門處理乳癌，有些只治療各類疝氣，其他的則專精於肝臟和膽管手術，少數人專做血管外科，等等之類的。他們在大量進行同類手術後，變得極有效率。不像我老爸和TJ，只要進診間的病人都得處理。當外科醫師因選擇的專業項目而出名，專業化也會帶來經濟上的優勢。

學院吸引我的地方，是那些拒絕既定方式、尋求治療新方法的外科醫師，他們不像私人開業醫生，為了賺取更多金錢而追求數量。學院醫師在細節上的創造力及專注度，從來不受侷限。

最大型的私立醫院，會有一些頂尖外科好手，但也藏納了一些過時的老古董，他們許多都是沒受過正式外科訓練的家醫科，這些人搞出不少古怪的名堂。有些瘋狂但無害，比如有位醫師不讓我們取下傷口敷料達三天之久，然後在病人身上蓋無菌覆巾，自己戴上口罩、穿長袍和手套來移除舊敷料，換上新的敷料，再三天不准動。我們受的教育是，傷口在第二天就差不多要癒合了，其他外科醫師都要求我們術後第一或第二天換敷料。我問總醫師，為什麼有人非要那樣處理敷料不可。

「他們大概在李斯特❼之前就這麼做了，」他說，「或在盤尼西林發明以前。」

另外有位K醫師為防止感染，在肌肉和皮膚之間的空隙，放置複雜的引流管網路，再把皮膚縫合起來，然後連續三天用當時最強效的抗生素兌成的灌洗液來沖洗傷口。據傳因為他有位患者嚴重感染，導致整個腹腔壁遭到摧毀，最後波及全身，不幸身亡。有一天我問他這個有名的案例，他看著我，當我是個瘋子，然後搖著頭離開。

那次我輪訓時的總醫師叫泰比特，是名德州來的牛仔。他一頭紅髮日漸稀薄，櫃子裡擺

❼李斯特（Joseph Lister，一八二七～一九一二），英國醫生，發明並推廣外科手術消毒技術。

滿了高筒靴，泰比特把我跟一名叫凱德威爾的家醫科醫師安排在同一個房間，這傢伙是出了名的不會做事——至於是因為酒還是藥物的關係，就沒人說得準了。我們要切除某位女患者的部分甲狀腺，這種手術我之前僅見過兩次。我叫泰比特別丟下我一個人，因為我的甲狀腺解剖課學得不夠扎實，而且我知道甲狀腺裡有神經，萬一傷到了可能會毀掉病人的聲音。他說他會在手術關鍵時刻出現，但他還有另外一台刀要開始，他複習了一下手術的步驟和甲狀腺的解剖構造，然後祝我好運。

我提早到手術室，刷手消毒，為病人蓋好鋪巾，然後站到手術台主刀所站的一側，凱德威爾醫生則站在水槽邊刷手，搖搖晃晃。等穿好袍子戴上手套，他站到我這一側，用身體把我頂開，我繞到手術台另外一邊，兩個人就這樣半句話不說，站了好幾分鐘，接著他五指伸開一揮，示意要我開始。我用一條像勒繩的絲線在皮膚上作記，拿手術刀沿絲線割下，以燒灼的方式將皮膚幾處出血止血，再把底下肌肉上下方的皮瓣切開，覺得還挺順手的。凱德威爾似乎光站在那裡就很滿足了，他的身體有點搖晃，三不五時悶哼一聲。我已經把牽引器架進去，露出甲狀腺了，這時泰比特才進來，問凱德威爾要不要休息一下。凱德威爾往後退開，護士拿凳子給他，他坐到角落，雙手放在膝上低垂著頭。他跟流動護士說了幾句話，護士撥了電話，不久有人送來一個大杯子和吸管，護士將杯子遞到他嘴邊，他吸了好幾大口。

杯子裡的白色液體看起來像牛奶，我懷疑他有胃潰瘍。

我們完成所有的解剖程序，露出甲狀腺，並仔細不去傷到嗓子的神經後，正準備分開甲狀腺左葉的血管，予以移除時，泰比特問凱德威爾，要不要在我們繼續進行前，先過來看一下。凱德威爾站起來走到手術台邊，彎下腰看著甲狀腺，然後伸手一把抓住，用力將整坨甲狀腺扯下來。

「噢，天啊！」泰比特喊道。

鮮血從四處噴濺而出，我抓起紗布壓住傷口，凱德威爾望著那坨甲狀腺，翻來覆去看著，然後交給護士，逕自離開手術室。

我們很快控制情況，止血鉗幸好沒傷到神經，我在恢復室等到患者醒來，她的聲音沒有問題，兩天後便出院回家了。

我將凱德威爾的行徑告知該醫院的外科總醫師。總醫師把我叫到他的辦公室，罵我不該在病歷表上寫醫囑，交待用「K醫師的神奇方法」為病人清洗傷口，他說這樣很不專業，也可能引起醫療糾紛。我說那根本就是醫療疏失，沒有任何文獻支持把引流管放進感染機率極低的乾淨傷口裡，而且還用各種抗生素去沖洗，這種作法很可能培養出細菌的抗藥性，也讓病人住院時間比平時更久。他說那不關我的事，我說我是擔心病人的病情，然後我把凱德威爾的事告訴他。

外科總醫師點點頭，瞪了我一會兒。

「結果如何呢？」他問。

我反瞪回去，很訝異他那種「沒傷害就沒事」的態度。

「凱德威爾運氣很好，有你這麼優秀的年輕醫生陪他工作，不是嗎？」

他要我答應，不在病歷上寫任何醫囑或記錄，影射任何人的治療方式有問題或不正確，我同意了。我是個自作聰明的白痴，病歷表可容不下任何嘲諷、批評，甚至幽默。

11. 傑佛瑞

我在猶他實習的第一次輪訓，被派到創傷外科，該團隊的老大是穆迪醫師，科裡其他成員都是他的親信。和我一起實習的是約翰．康內爾，大概有兩百公分高，我一百九十五公分，穆迪醫師比我們兩個都矮上三十公分或更多。創傷外科的總醫師也很矮，當大家一起刷手進手術室，穆迪醫師會把手術台降到適合他和總醫師的高度，約翰和我必需彎著腰，才能握住穆迪要我們「往天上拉」的牽引器。

詹妮亞是穆迪醫師最得力的刷手護士，她像波蘭士官長似地管理他的手術室，我一度真的以為她就是士官長。不過等到我在穆迪醫師麾下擔任總醫師，詹妮亞和我成了好友，每次協助穆迪醫師開刀，我們總是攜手合作，讓醫師開心。然而我第一天進入她的手術室時，約翰和我還只是兩個楞頭楞腦的實習醫生，兩頭待宰的羔羊。

我第一次伸手去接穆迪醫師要我握好的牽引器時，詹妮亞當即宣佈我已經受到感染了，並命令我從手術台邊退開。

「怎麼會？」我問。

穆迪醫師要我照她的話做，把牽引器交給約翰。比我個頭還高的約翰有背部僵硬的毛病，為了握住牽引器，他得採半蹲姿勢。我換上新袍子和手套，回到手術台，接過約翰的牽引器，這回詹妮亞又高聲斥道：「他又犯了。」穆迪問我有沒有刷手進過手術房，瞭不瞭解無菌程序，並叫我重新換袍子手套。

流動護士幫我綁袍子時，低聲說：「別把手放到腰部以下。」我也低聲回說，這整個該死的手術台都在我的腰部以下。

「你自己想辦法。」她說。

我決定，如果只握住牽引器的握柄頭部，向上拉而不往橫擺，應該就能把手部維持在腰部以上了。這個方法管用了一陣子，直到穆迪說我拉得太高，要我放低些，然後詹妮亞就又對我大發雷霆了。

「他到底是怎樣？」穆迪問，詹妮亞說我把手垂到腰部以下。

「但是整個要命的手術台都在我的腰部以下。」話才出口，我就後悔了。

穆迪醫師問詹妮亞，這次能不能暫先忽略這項規定，先把這台刀開好再說。

「當然，你是醫生，你說了算。」她說，「你若希望那樣，我有什麼立場說不？」

下次我排到和穆迪醫師開刀時，我提早來到開刀房，用幾個平台搭出一個讓穆迪使用的站台，並且請麻醉醫師把手術台往上調到剛好高過我腰部的地方，然後著裝、幫詹妮亞替患者鋪覆巾。我問她對這個站台有何看法。

「穆迪醫師從來不用站台。」她說。

全副武裝的穆迪醫師走到手術台邊，一言不發地踢開幾個平台，要求麻醉醫師將手術台調低，流動護士則衝上來撤掉台子。整個手術過程，詹妮亞絕口不提我的手低於腰部的事，但這只解決了其中一個問題。我彎腰駝背，兩腳盡可能張開，並嘗試各種新式駝法，我真的覺得，只怕自己還沒撐完第一年的住院醫師，就需要動背部手術了。

我到創傷外科的第一天，總醫師分派給我一些病人，其中一位叫做傑佛瑞，他是我唯一住在加護病房的患者。當天下午巡房，穆迪醫師對我說，傑佛瑞的命要靠我救了。我從病歷上得知，傑佛瑞已垂危將死。他因為淋巴瘤接受治療，藥物會讓肺部產生疤痕組織，所以現在他得全天候靠呼吸器維生。胸腔醫師認為，是由化療藥物造成的症狀，腫瘤科醫師和穆迪則認為只是嚴重感染，等我接下傑佛瑞這位患者，兩種論點的差異，只在於生或死了。若是感染，便能夠治療；如果是藥物造成的肺臟纖維化，就無藥可醫了。腫瘤科醫師要求穆迪打開傑佛瑞的胸腔，取一塊肺部檢體用顯微鏡觀察，找出病因。胸腔科醫師已試過從深處的細支氣管取樣，並做肺部穿刺切片，可是卻造成傑佛瑞的肺臟塌陷，穆迪團隊的人用胸腔管解決了這個問題，但傑佛瑞的肺臟穿孔，還是洩出很多空氣，所以每個人都同意，傑佛瑞身體太過病弱，不適合做開腔切片手術。

總醫師要一名較低階的住院醫師教我怎麼做，看起來似乎相當簡單，尤其我在醫學院最後的輪訓，曾經協助管理呼吸器。基本上就是保持平衡，讓傑佛瑞的血氧濃度維持在安全範圍內，又不能讓空氣壓力過大，使洩氣的情形惡化，甚至造成肺臟出現新的破洞。

傑佛瑞大部分時間都在睡覺，護士說他醒來時會很躁動，所以持續對他做鎮靜治療。我第一天夜班待命，大約晚上八點過來，發現傑佛瑞坐在床上看電視。夜班護士說他今晚的狀況非常好，醒來後沒有抓狂，所以沒給他鎮靜劑。

「今天晚上很乖喔。」她撫摸他的額頭說，「是不是呢，親愛的？」

傑佛瑞盯著電視沒理她，護士離開後，我留下來檢查呼吸器的設定。數字顯示，傑佛瑞的肺功能有改善，我看看胸管，沒發現任何空氣溢出的癥狀；我聽他的胸腔和心臟，一切似乎都沒問題。

「也許那些抗生素開始發揮作用了。」我說。傑佛瑞揚起眉頭看我一眼，我向他解釋目前醫生對他的診斷歧異，但每個人都同意，抗生素不會造成傷害，甚至可能有用，所以才給他施打抗生素。「你今天看起來好多了。」我捏捏他的手臂說。他的手臂感覺像塊木頭，皮膚緊繃，皮下似乎沒有肌肉或脂肪——真的是皮包骨。

那晚傑佛瑞是我最後一站了，我指指角落的椅子。

「介意我坐下嗎？」我問。

傑佛瑞聳聳肩。我坐下來環視他的房間，我旁邊的床頭櫃上有一疊相片，我問傑佛瑞能不能看，他再次聳聳肩，似乎全心看著電視，電視上在演法蘭克·辛納屈演的戰爭片。

「這是你妹妹嗎？」我拿起一張和他年紀相仿的年輕女子照片。他搖搖頭，說是他的妻子。「這些是你的小孩囉？」他點點頭，三個孩子都是上小學的年紀。「養小孩真不容易。」我說。傑佛瑞第一次露出笑容，搖搖頭。

我陪傑佛瑞一起看了一會兒電視，卻開始覺得愛睏，我不想被人逮到在病人房裡打瞌睡，便站起來道晚安。

「繼續加油，我們很快就能幫你拔掉喉嚨的管子了。」我說。傑佛瑞對我豎起大拇指，那是傑佛瑞和我最後一次交談。

三個小時後，我被護士的電話叫醒。傑佛瑞非常躁動，她只得給他鎮靜劑。我發現傑佛瑞的血氧濃度持續下降，空氣外溢情形惡化；我檢查他全身，聆聽他的胸膛，認為他的肺臟又塌陷了。我試著擠壓管子，但沒擠出任何東西：既無空氣，也無液體。我叫人拿移動式X

光機和一套胸管組來。我們在等待時，傑佛瑞的情況進一步惡化。我打電話給總醫師，他說他正在趕來。

我問他多久會到。

二十分鐘，最多三十分鐘。

我說那樣恐怕來不及。

「該做什麼就做什麼吧。」他說。

在克里夫蘭時，亞山曾教我如何插胸管，我前後也做過六次。我請護士幫忙，當我用長鉗在胸腔刺出一個洞時，突然噴出一股氣流，那是好現象，表示位置擺對了。新胸管縫合固定好後，另一條胸管排不出的氣體開始往外排放了，傑佛瑞的狀況又開始好轉。我們照了X光片，總醫師告訴我，我的管子若擺得再靠右邊一點會更佳，我點點頭。下午巡房時，傑佛瑞的情況持續好轉，我提到也許應該再讓他醒來，「就像昨晚那樣。」我說。沒有人知道昨晚的事，他們都認為那是好消息，應該是抗生素生效了。

那個週末我休假，星期一早晨我看到傑佛瑞時，他已經快不行了，胸口又多了三條管子——兩根在另一側，第三支跟我的插在同一邊。這是一種惡性循環，想幫他硬化的肺臟打氣，維持安全的血氧濃度，就須提高呼吸器的壓力，但會造成更多破洞，使空氣從肺臟溢到四周，導致肺臟塌陷，因此又需要更高的壓力來對付。那天早上胸腔科醫師告訴我，化療造成的肺纖維化，會因為我們使用高壓氧而更形惡化。

「你現在看到的情形，是很典型的狀況。」他說。

接下來幾天，巡房時沒有人會花太多時間在傑佛瑞的病房裡，護士稱之為「盤旋模式」。

「他盤旋在彌留狀態，醫生則在外圍盤旋。」她說。

我皺起眉頭。

「你知道的，為了自我保護。」她說。

「避免醫療糾紛嗎？」我問。

「避免自己受傷，」她說，「避免自己的恐懼。」

我寫完病歷。

「你也將學會的，」她說，「至少這樣比較好過。」

當晚我值班待命，大部分時間我都待在加護病房，把傑佛瑞的呼吸器刻度東調西撥，就像調整音響的各種轉盤，以便調到高低音的最佳組合，讓音量夠大又不至失真。我以為若能把設定調對，一定有辦法讓他好轉。十點左右，一位五十幾歲的女士進來，表示她是傑佛瑞的阿姨，他媽媽的妹妹。傑佛瑞的母親三年前罹癌去世，他在癌症治療初期，妻子便與他離異，帶著三個小孩搬到愛達荷州，離娘家較近的波卡特洛了。

「她想帶孩子們來探望爸爸，但是傑佛瑞不肯，他說『我的病沒有好轉之前，別讓他們來。』」

凌晨一點鐘左右，我到待命室休息，離開前，我彎下腰請傑佛瑞捏一下我的手，他沒有反應。

傑佛瑞於翌日中午前往生了，我打電話通知他阿姨，她給了我一間葬儀社的名稱。各方醫療小組決定，既然傑佛瑞已不再受苦，希望能做個肺臟切片，由於總醫師必須去開刀房，便問我能不能做。我打電話回去給傑佛瑞的阿姨，取得她的同意。胸腔內科的主治醫師詳細告訴我採樣的精確程序，以免受到細菌汙染，他要我先以棉棒採集樣本，做各種細菌培養，然後才把檢體放入罐子中。

「你怎麼做都沒關係，就是別放到甲醛裡。」他說。

眾人離開後，我在傑佛瑞右乳頭下面切個小口，用鉗子穿透層層組織，再用鉗子稍微撐開切口，將手指探進去。我可以感覺指尖碰到胸腔上方某個東西的邊緣，我確信那是縮入胸腔的肺臟底部，便設法用鉗子夾住，把肺往下拉到切口處，然後割下一大片三角形的組織。

這塊組織比正常的肺臟更堅實，呈暗紅色，摸起來像浸飽了液體，且纖維化嚴重。我按照指示用棉棒進行各種細菌培養，然後把那塊組織放進無菌容器，送到病理實驗室。

隔天下午，我們到外科病房巡房，發現胸腔科的團隊和傑佛瑞的感染科醫師正在等我們，一群人氣壞了。他們說那不是肺臟的檢體，是肝臟，一塊三角形的肥肝臟。

我只感覺一股腎上腺素竄過脖子直衝腦門，胸口撲通狂跳。穆迪問總醫師是怎麼回事，總醫師結結巴巴地說他自己也嚇一跳，他也差點以為那就是肺臟。教我取樣的胸腔科醫師插嘴道。

「取樣的人不是總醫師，是他。」他指著我，我的耳邊已傳來連連罵聲。實習醫生？你把這種工作丟給實習醫生？這個採樣原本可以解釋數個月以來的謎題，解決我們所有的疑問，讓我們學得新知，下次能幫助我們拯救人命、解決世界飢荒、治療感冒……

穆迪回頭瞪著他。我很想說，我們已經盡可能治療他，避免可能會有的感染了，但他還是死了。

「現在我們永遠也不會知道答案了，」胸腔科醫師說，「那名年輕人死得毫無意義。」

說完他們就走了。我們沿走廊往第一名患者的房間走去，總醫師邊走邊拷問我到底是怎麼做切片的，為什麼我他媽的連肝肺都分不清，有疑問為什麼不打電話給他。穆迪醫師叫我們別再說了，從此之後，我便再沒聽到任何人提隻字半語。

我真希望我能討論這件事，希望穆迪為我犯下的蠢事而破口大罵，希望他告訴我，這絕對不會是我第一次砸鍋，即使最優秀的外科醫生也會犯錯，但我絕不能以此做為開罪的藉口。烏龍確實會發生，但錯還是在你。你必須做得更好，變得更精明、更謹慎。我希望有人能跟我開示這些道理，因為我就是這般提醒自己的，但那種孤獨的感覺好恐怖。

12. 翱翔高山

開始玩滑翔翼是泰比特的點子，他說他找到一個在猶他州尖點山教滑翔翼的傢伙，從醫學中心開車往南不到半個小時，就在蓋瑞．吉爾摩❽被槍決的州立監獄對面，且學費非常便宜。伯德是另一位來自德州的總醫師，但頭髮濃密，穿的是樂福鞋，他也很喜歡這個主意。「不然我們他媽的還能玩什麼？」他說。擔任第三年住院醫師的史派斯，是來自懷俄明的道地牛仔，堅持蓄著標準的八字鬍，還嘲笑泰比特的靴子，他說也要摻一腳。這群人邀我加入滑翔班，泰比特知道我會開那種老式飛機，認為我一定是天生好手。我不確定要不要加入，因為聽說滑翔翼常摔死人。

「只有十分之一啦，」泰比特說，「沒什麼大不了。」

我心想，那比開心臟手術還危險，但我希望能融入大夥。

我們都在榮民醫院輪訓，泰比特是血管外科總醫師，伯德是一般外科。某個不忙的週

❽蓋瑞．吉爾摩（Gary Gilmore，一九四〇～一九七七），美國猶他州殺人犯。

五，我們把下午四點的巡房提前到中午，泰比特打電話給瓦薩奇滑翔翼中心，跟老闆大衛．羅德里奎預約時間。一個鐘頭後，我們已來到尖點山南側，一道荒禿的稜線上了，稜線從瓦薩奇山脈往西綿延數英哩。我們站著聆聽大衛說明所有可能把自己摔死的方式，他後面是巍峨的獨峰，林線以上兩側仍覆著白雪，我隱約看出有一大片冰雪區，不到一星期前，有位大學教授爬到那邊慶祝五十歲生日，才從那裡摔死。獨峰較低的緩坡上，白楊和橡木叢正開始變色。

大衛架好兩具滑翔翼，表示一個是「基本款」，另一個是高功能型，但我除了顏色之外，實在看不出有何差別。大夥輪流扛著滑翔翼爬一小段坡，扣好安全帶，然後跑下山坡，直到滑翔翼將我們帶離地面，不過我們大概飛行三公尺左右就會摔下來了。半個小時後，我們不再摔機了，大衛便要我們再往上爬高三十公尺，現在飛行時間大約可以維持十五秒了，一開始感覺像是永恆。等我們上完第三、四堂課時，大家全都能從近百公尺高的山頂起飛，在空中飛行三分鐘了。大衛建議我們試著轉與山稜線保持垂直，在南方順坡吹上來的上升氣流中滑翔一會兒。大家很快發現，只要南風夠強，我們可以盡量久飛，甚至可以直接回降在山頂上，這樣下一個人便不必把滑翔翼扛上坡了。

週間，山上往往只有我們這群人。週末則各路人馬都有，從擁有進階版滑翔翼的高手，到只有最原始的羅格婁（Rogallo）滑翔翼的人，不一而足。羅格婁滑翔翼是一種簡單的三角翼，據說很容易摔落。大衛說，飛行員若把機鼻降得太低，風直接吹到翼面上方，就會出這種包。他用雙手示範，風如何把滑翔翼壓成俯衝的姿勢，直接摔落地面。他說我們使用的滑翔翼比較先進，可防止失事。

南風風勢好的時候，周末的天空能看到十幾架滑翔翼在上升氣流中翱翔。九月底，某個晴朗的週六下午，我們三個人在南峰練習盤旋，戰戰兢兢，按傳統的橢圓型路線，沿貼山的稜線西行，並在轉回來時稍稍拉開距離，以免撞到任何往西飛的人。有時候我們離山太遠，失去上升氣流，便得降落在山腳，然後硬是把滑翔翼扛回山頂。

我做第二次飛行時就發生了這種情形，我聽到泰比特在山頂對我大吼，他氣壞了，因為會嚴重耽擱他下次起飛的時間。我把滑翔翼扛在肩上，正準備爬坡時，有個人把破爛的達特桑皮卡車停下來，開始組裝他的滑翔翼。那是我第一次近距離看到舊式的三角翼，比我們使用的滑翔翼小多了，看起來像是自己做的。這位仁兄也開始登山，而且比我早十分鐘抵達山頂。我看到他坐在地上，雙手攏膝，凝望南方。他的馬尾垂至背中央，留著長鬚，身穿憂愁藍調樂團的T恤、毛邊牛仔褲和涼鞋。

伯德和我看著泰比特跟另外五名飛行員來來回回盤旋，這時三角翼先生決定起飛了，他把滑翔翼架到肩上，開始奔跑起來。他升空後直接滑到山谷上方，但滑翔的攻角越來越陡，最後終於失速，機鼻急遽下墜，翼布都被風吹凹了。他從三十公尺的空中直接摔到地上，伯德和我互看一眼，然後急忙奔下山去。

我們到的時候，飛行員正在急劇抽搐，接著便動也不動了。他沒戴頭盔，鼻子整個撞爛，半邊臉擦傷，撞到地上的傷口正在出血。他兩側鎖骨都斷了，其中一根斷骨穿皮突出約十五公分。有人說他們有無線電，已幫忙呼救。伯德和我輪流扶正他的頭，保持他的下巴向前，確保呼吸道暢通。救護車抵達時，飛行員雖然仍無意識，但還在呼吸。

有個在山頂和他聊過天的人說，那傢伙是加州人，滑翔翼是他弟弟的，他弟弟最近因癌症去世了。

「他說他以前只飛過一次，」那人說，「但是具體情況講得很模糊。」

幾天後，我們得知他還活著，並逐漸清醒。我問他的脖子是否斷了，但沒人知道答案。

那年秋天我們買了自己的滑翔翼，總共三架。伯德和史派斯共用一架，我為自己訂購一架森林綠布面，右翼布上有道黃色條紋的滑翔翼。內人提醒我，其實我買不起，但我還是下單了。飛行讓我感覺生命的熱度，我和那些共享刺激的男生一樣，瞭解我們熱衷飛行的原因。

我們學著從北稜起飛，北稜高度四百五十多公尺，是南峰的五倍，降落在北峰頂的難度非常高，所以有一段時間，我們都降落在山底，可是這樣一來，就必須有人把卡車開回山腳了，一趟要花費二、三十分鐘。泰比特覺得這種好差事，可以交給跟我們在榮民醫院輪訓的醫學院學生。

我們帶去的第一個學生超級興奮，他說比在榮民醫院呆坐，等住院醫師使喚他去幫病患挖直腸裡的大便好多了。不過我們一定是惹到其中一名學生了——他不爽到去舉報我們。穆迪醫師把泰比特和伯德叫到他辦公室，告密的學生說泰比特威脅他，如果不去就在分數上給他難看。泰比特說他只是開玩笑，沒想到學生會當真。我不確定泰比特是在開玩笑，擔心可能會自食惡果。沒多久後，我們都學會在北稜上降落了，這樣我們便可以有一個人開車到山谷，把其他人載上來了。

冬天到了，但天氣仍溫暖晴和，不久我們開始跑到其他地點，從更好玩的地方起飛。一月的某個週末，我們在懷俄明邊界，靠近猶他州蘭多夫一條八千公尺長的山稜線上，與白頭鷹一起在石峰上的天際翱翔數個鐘頭。我們數度從鹽湖北邊，近三千公尺高的法蘭西斯峰上躍下來。有一次我飛離瓦薩奇山脈太遠，沒吃到稜線的上升氣流，最後降落在預定區以南十公里的空地上，我的朋友兩小時後才找到我，找到我時，他們不樂反怒。

我們有些心有餘而力不足的壯志，其中一項就是冬季到廷帕諾戈斯山飛行。泰比特認為，我們可以從高度三千四百公尺，離峰頂一百五十公尺的鞍部起飛，他說從山下走上去，頂多十三、四公里，最多垂直爬個一公里就到了。那麼雪怎麼辦？我問。他說我們可以穿雪鞋，或滑雪板，萬一到了山上發現無法起飛，就能痛快地滑下山了。他解釋說，我們可以用雪橇把滑翔翼拖上山，不必用背的。「哦，」我說：「有道理。」我說這個主意很讚，因為我知道我們永遠不會成行。

那年夏天，泰比特和伯德完成了住院醫師訓練，史派斯對飛行的興趣不再。秋天時，我和內人開車到猶他州南部，我們帶著滑翔翼一起上路，因為我想從死馬點躍下飛翔。我們在猶他州摩押露營，先到拱門國家公園探險，一邊等待無風的晴天，然後才大清早開車前往死馬點。

內人去看壯觀的科羅拉多河時，我站在全國滑翔翼組織為了年度賽事，方便飛行員從懸崖起飛而蓋的助跑板上。我從來沒有從懸崖躍下過，大衛跟我們說過一些，但這個斜板大概只有五步的長度，我不確定其他人通常在哪兒降落，只希望到時能一眼看見。我看到四百五十公尺底下的白邊上有條道路，科羅拉多河還要往下再低一百五十公尺，懸崖看起來離道路很近。我還擔心那些我必須飛越，或穿梭的嶙峋岩峰，到時得視從懸崖上來的氣流強弱而定。我撿拾起一支斷掉的鼠尾草拋出懸崖，它飄盪一陣後落在岩縫裡。風一點也不大，我心想，覺得從懸崖起飛更恐怖了。我若沒記錯，沒有風，表示得垂直俯衝更久，等獲得足夠的升力，才能開始飛行。

「還在考慮啊？」

我差點跳下斜板，有位公園巡查員站在我後頭，一臉笑容可掬。

「對不起，」他說，「不是故意要嚇你的。」

我說還不確定，風似乎過於平靜。

「那條路是他們平常降落的地點嗎？」我問。

「是降落點之一，」他說，「那邊還有另外一處。」他指向北邊，我好像看到巨大的岩柱後有塊平地。

「我想那得看風況，」他說，「好像要避開石柱上方跟南邊岩層上的旋流，你知道的，就是那種像漩渦一樣，看不見的旋風。」

我只能呆瞪著。

「你常玩嗎？」他問。

我說我算挺有經驗了，還提到幾個我去過的地方。「但從來沒有從像這樣的懸崖起飛過。」

他沒說太多，然後我老婆便過來了，她給了我一根糖果條，然後向巡查員自我介紹。

「你覺得如何？」她問。

我說我不確定。我問巡查員，從我們這裡到下面路旁的降落場，開車要多久。他說可能只需要一個半鐘頭，可是萬一跟在龜速的卡車後面，或不熟悉這裡的駕駛狀況，有可能要耗掉三個小時。他說謝佛峽谷的道路非常驚險。

「土石路上有很多髮夾彎，而且沒有護欄。」他說。

我謝謝他撥冗相談，然後走回卡車，坐在駕駛座上，思考該怎麼決定。我很害怕，比我預期的還要害怕。我已經兩、三個月沒飛了，這裡的斷崖又如此巨大，我自己也不知道自己在做什麼。但反過來想，此行必然壯闊無比，現在天色還早，如果一切順利，天黑前我們便能回到摩押，舉杯慶祝這難忘的一天，大聲說我辦到了。知道法蘭西斯峰或駝背山在哪兒的人並不多，但死馬點可是赫赫有名的。

我有種不祥的感覺，這感覺令我的恐懼不斷升級。我把雙手擺到方向盤上，試圖抑制顫抖。我太太已經沒入另外一條步道了，她必須讓我獨處。

我打定主意，抓起相機，等我找到她時，狀態近乎狂喜。

「怎麼樣？」她問。

「去他的。」我說。

「很好，反正我也沒把握能開巡查員所說的謝佛峽谷的髮夾彎。」

到了一九七八年夏天，從尖點山北稜飛出去，已經變得險象環生了。某個週六下午，我數了數，空中有二十九架滑翔翼與我齊飛，幾乎是以前的三倍，大家都在爭取最佳的上升氣流，沒有人遵守傳統的橢圓形模式。人們朝我俯衝，搶攻我已在使用的上升氣流。對我而言，山頂上的降落區已擁擠到沒有安全感可言，所以我派內人到平地等我。地面溫度大概攝氏三十幾度，我一直往上盤旋，直到飛在其他滑翔翼之上，空氣寒冷刺骨。我買不起高度計，但我判斷應該接近四千多公尺，甚至更高。我的頭開始疼痛，覺得吸不到氣。

由於泰比特和伯德離開了，史派斯又意興闌珊，同志已一去不復返，取而代之的是一群來路不明的瘋狂飛行員。我不再屬於一個能全然接納我的團體，在那個團體，我可以乘飛行翼從山上一躍而下，感覺是自己的國王。由於輪訓越來越忙，休假變得愈發困難，把僅有的閒暇全部拿去玩滑翔翼，也顯得太過自私。即使如此，我仍然很難忘情翱翔天際賦予的權力感，不管有沒有白頭鷹的伴飛。

十月初的一個週五下午，我說服一位叫史帝夫的朋友開車載我到法蘭西斯峰，氣象預報風速正好，可能會逐漸增強——也許太強了，我打算到山頂再決定要不要飛。

我們在四點前抵達飛行場，我快速組裝完畢，準備很快上機。風速還在漸漸增加，西邊突然出現一排雲，我挺害怕，擔心會有鋒面過來，帶來強風，把我和滑翔翼推到峰頂後面，進入旋風帶。我想到自己在死馬點的挫敗，想到決定不飛之後的懊悔不已。況且，我又不是沒跳過這座山峰，我現在人都來了，已準備要出發了。我們大老遠跑來，我相信等我離開跑道後，就會沒事了。

我向史帝夫解釋，由於現在的風勢，他得站到我前方下面一點的斜坡上，握住我的滑翔翼前端，等我一喊開始，他就鬆手，並立即四腳趴地，閃到一旁。

我重重吸了幾口氣，試著說服自己退出，卻糊裡糊塗喊了聲「開始」，並跑下斜坡。史帝夫閃得不夠快，我剛離地，左翼尖撞到他的肩膀，滑翔翼向左偏旋，我無法扭轉左傾的姿勢，突然間便朝著岩石直直撞去。

我從沒摔過機，泰比特摔過一次，耳朵縫了幾針，但那是因為他的組裝有誤。我在遠方高處目睹他摔機，看到他動也不動，我還以為他死了或快要死了，我尖喊著要下面的人快去救他。我摔得沒那麼慘，只有一些淤血，擦破一點皮，但並無大礙。我的滑翔翼沒有全毀，但有兩根鋁管報銷了。

史帝夫幫我把滑翔翼背回山上打包收拾，當時我並不知道，這會是我最後一次飛滑翔翼了。

我認識二十個左右，會定期飛滑翔翼的人，我退出後幾年，其中一位死了，我一直不知道他的死因。我們的教練大衛也被捲入某個山後的旋流中，他的滑翔翼翻了兩圈，最後屁股撞在岩石上，折斷背脊，不過我想，他最多就是酸痛很長一段時間罷了。

一、兩年後，某個深夜，我和一位西班牙的外科醫師聊天，他剛開始玩飛行傘，我告訴他我曾經很瘋滑翔翼，有次曾從死馬點躍下，在空中飛行近一個鐘頭，最後落在懸崖邊的道路上，下頭一百五十公尺就是科羅拉多河。自此之後，我開始相信這個謊言是真的了，每次閒聊，只要談到這個話題，我就會重述一遍。要不是我認清不能再繼續信口開河，可能也會在這裡寫下那個錯誤的版本；除了知道撒謊很危險，不道德，也因為真相其實更有趣。我對別人扯謊不是為了吹噓自己、怕別人笑我膽小，我撒謊是為了逃避另一項事實：那天我從斷崖撤兵，因為自知無法控制結果。然而長期而言，我是因為無法接受自己有任何無法控制的事。我竄改記憶來重建自信，逃避面對可控之事非常有限的事實。我在謊言中躍下山崖，不是因為想逞能，而是因為我若不跳，就顯得我完全無法控制情勢。

我從沒告訴老爸，我在猶他州玩滑翔翼的事，因為我不想聽他批評、罵我蠢、囉嗦滑翔翼太危險。等到我後悔沒有告訴他，已為時太晚，因為爸爸已無法理解，也不在乎我說什麼了。我的滑翔翼還在，和兩套護具及一個頭盔躺在倉庫裡，或許有人會想要。

13. 開除

一九七七年秋季，我在猶他的第二年，輪派到奧格登，是在I－15州際公路北邊七十多公里的醫院，和我一起的還有一位同期的醫生，以及第四年住院醫師史派斯。跟我們合作的外科醫師們非常忙碌，我們很努力照顧每位患者。週末輪到待命的住院醫師會在週五早上到院，直到週一晚上才回家。餐廳的食物頗可口，有時週末會碰到一些有趣的病例。待命室裡有一架彩色電視、一張很大的軟沙發、一張全尺寸的床，還有一個電冰箱。

某個週一早晨，我剛值完週末的班，正在寫醫囑，之後準備進開刀房，這時病房辦事員靠過來，低聲說道：「很遺憾，聽說下次你不會再輪訓回來了。」我哈哈笑了，但她沒有，於是我追問究竟怎麼回事。她看起來有點尷尬，說我應該去跟史派斯談。我在刷手槽找到史派斯，問他辦事員到底在說什麼，史派斯說他會在開刀的空檔找我談，並提醒我到五號房協助辜瓦醫師開結腸，「最好別讓他等。」他說。

我被開除了。穆迪醫師決定減少住院醫師，我是末段班的六個醫生之一，醫院決定讓我們立即走路，或待到年度結束，再不然就是等到在別處找到住院醫師的職缺為止。我打電話到穆迪醫師的辦公室，秘書說他這個禮拜公出。我有位好友也出席了那場決定我們去留的會議，他說投票的票數很接近，我因為和泰比特及伯德玩滑翔翼走得太近，所以有些不好的風聲。有些主治醫師認為我太過自信，有人說我根本不懂甲狀腺，還有人認為我有點難搞。

「除此以外，」他說，「你幹得都還不錯。」

內人和我計畫在穆迪醫師預計回來的那個星期去渡假，我原本想取消旅程，但與我一起被炒魷魚的受害者告訴我，醫院不會改變決定了，所以我覺得留下來也沒有意義。我們開車到奧勒岡州的波特蘭，跟大學室友保羅及他妻子一起去健行。我們再度愛上了臨太平洋的西北部，於是我興起一個偉大的念頭，何不乾脆搬到華盛頓州的特奈諾，索瑞爾家族在這裡製造的神奇雙翼飛機，一直是我夢寐想飛的機型。我週末可以在奧林匹亞的急診室行醫，週間可以到索瑞爾家打工，隨便聽他們使喚，用以交換他們的協助與材料，來組裝我自己的、他們所謂的索瑞爾超級雙翼機（Hiperbipe）。

結束與保羅的相聚，我們開車到特奈諾，索瑞爾家的年輕人說，我的想法應該可行，但老人家出門了，一個星期後才會回來。我在奧林匹亞的兩間醫院提出申請，其中一家醫院的主管說，他們週末非常缺醫生。我們興高采烈回家，想著在西北部展開新生活。

返家後的那個星期一，我發現事情告吹，因為穆迪醫師改變心意，我們全都獲得留任了。我跟他碰面，他告訴我該怎麼做，才能提高考評，最主要的是不要太自以為是，並勤讀外科文獻，才不致顯得如此無知。

內人和我還是繼續討論辭職的事，因為我們太喜歡原本的計畫了，但我同時覺得如釋重負，好像又有了第二次機會。

第二年後期，我決定第三年到穆迪醫師的實驗室受訓，並在兩年期滿前的三個月，便獲得了同意。接著教授們召開年度住院醫師評鑑會議，我的表現再度被打到及格邊緣。他們取消我去實驗室工作的申請，並告訴我，我若想完成住院醫師的訓練，一定得再努力表現。我的新班表裡，不包括任何與穆迪醫師合作的機會，所以我跟另一位住院醫師交換，以便能在老板麾下工作三個月。我還是在工作之餘及週末，跑去實驗室工作，三個月結束後，穆迪醫師同意我在實驗室再待一個月，但不必負責任何臨床工作。那年春天，我的論文得到美國外科醫師學會論壇的接受，免費去了一趟芝加哥報告，結果被一位來自加爾維斯敦（Galveston）的著名外科醫生打槍，他對我的研究瞭解得比我透徹。不過那仍是我的第一篇外科論文，那時我已經明白，等我完成住院醫師訓練，我不會回去替老爸工作了，我想當教育醫學生、訓練外科住院醫師的醫學院老師。

14. 珍妮的膿包

遇見蓋瑞，麥斯威爾（Gary Maxwell）時，我是第三年的住院醫師，蓋瑞是猶他大學的移植醫學主任，我到他的部門輪訓時，他已經被解除摩門主教的資格、離了婚、搬離他的大家庭了。就我看，蓋瑞是個快樂的人，也是我外科培訓的過程中，最具影響力的貴人之一。

麥斯威爾醫師教我如何照顧腎移植患者，並且在教導的過程中，讓我覺得自己很有價值、受尊重、被團隊接納。我的意見未必都有用，但是他從來不會把我當成低等生物，反而耐心解釋他的做法，我有問題時，他更是不厭其煩。也許最重要的是，他教我在治療極為脆弱的移植病患時，如何對所有毛病抱持懷疑。

七〇年代末期，我們只有兩種國家核可的藥物，可以用來壓制移植患者的免疫系統，避免將新移植的腎臟當成外來異物，予以消滅，這就是所謂的排斥反應。這兩種藥物就像霰彈槍，我們瞄準了病人的免疫系統，然後扣下板機，把整個免疫系統打亂，於是病人便難以抵抗感染、癒合開刀的傷口，或維持體力。理論上，趁新腎一植入，立即施以免疫抑制劑，便可能讓免疫系統放棄攻擊，接受植入的器官為無害的宿客。但這是一種緊張的平衡，也許

一、兩個星期後，免疫系統又重新啟動，我們就得再拿霰彈槍狂轟一陣了。

等我搬到匹茲堡，這種情形已大為改觀，我們首次擁有了像狙擊槍的新藥，可以針對特定區域的排斥反應，並完整保留其他的免疫功能。

一九七八年，麥斯威爾醫生教我別相信病人的生理訊號，若等到患者發燒或白血球數量飆高，才判定是感染，往往都太遲了。如果因為病人沒有任何病痛，就誤以為病人腹腔內不可能躲著一大塊老膿，那麼你很有可能會在驗屍時才發現。

二十三歲的珍妮因糖尿病末期造成腎衰竭，她在我轉到麥斯威爾醫生移植小組的幾個月前，做過腎移植手術。她回醫院，是因為夜裡會盜汗。她的新腎臟功能良好，多數時間她的感覺也不錯，但珍妮坦承過去兩週以來，身體逐漸虛弱。當時的超音波和電腦斷層掃描技術都還很粗糙，我們照了幾遍都看不出她腹腔或新腎植入的腹股溝裡有什麼感染。她的血液、尿液和喉嚨的細菌培養也沒有任何發現，而且她並無咳嗽、鼻塞或腹瀉。

珍妮想出院回家，她說夜間盜汗的情況不至於太糟糕，現在天氣變好了，她可以多出門走走，恢復體力。我覺得她的想法不錯，但麥斯威爾希望她再多住一些時候，以防萬一。麥斯威爾在走廊上告訴我和護士，珍妮一定有些問題，他定定望著地板一會兒，然後才去看下一位病人。

幾天後我早上巡房，在珍妮的腹股溝處發現一個小膿包，大約核桃大小，顏色泛紅，且十分柔軟，珍妮說一點都不痛，我問她可不可以局部麻醉皮膚，把膿包刺破。看起來像膿腫，我說。這很可能就是罪魁禍首，現在終於露臉了。

我火速備齊所有需要的東西，希望在麥斯威爾和他的團隊過來之前，把膿包處理乾淨。我曾經排清過數十個膿包，對我而言是個小手術，但珍妮比我冷靜許多，害我覺得自己像個一九四九年，在淘金盤裡發現金塊的淘金客。

我消毒皮膚，鋪上覆巾，照顧珍妮的護士幫我遞送器具。我幫她麻醉皮膚，用小手術刀在腫塊上切開二至三公分的切口，我手裡拿著針筒，希望能收集一些膿液，送到實驗室做細菌培養，這樣我們才能知道裡頭是什麼細菌。可是當我劃破膿腫的皮膚，裡面的膿液像花園水管裡的水，噴射而出，把我的襯衫領帶全浸濕了。我立刻拿紗布壓住切口，驚惶站在那裡，深怕自己捅了樓子。我是不是切到什麼奇怪的疝氣，割破腸子了？或是膀胱？噴出來的東西看起來像膿液，但感覺更稀。或許我不知道他們把新腎臟擺在何處，我下刀前，就該先搞清楚這種關鍵資訊。

我請護士給我一個膿盤，我鬆開施壓處，讓膿再度排出，並將膿液引入膿盤裡。是膿沒錯，很多的膿，源源不絕的膿。等第一個膿盤快裝滿，護士又拿了第二個來，等膿差不多流完，幾乎裝滿了兩個膿盤，我猜有兩公升，甚至更多。膿水只剩幾滴時，我將傷口包紮好，然後打電話給麥斯威爾。

當天早上，我們把珍妮推進手術房，把切口割大到能讓我伸手進去四處觸探。膿腫的範圍大到我的手都沒至手肘了，還沒碰到空腔的最頂端。我可以摸到移植的腎臟，膿腫環著腎臟形成，隨時間而逐漸往上擴大到脾臟。我們又引流出四公升半的膿，用大量的液體清洗膿腔，然後放入兩條五公分寬，看起來像又長又扁的空心義大利麵的橡膠引流管，才將她安置在加護病房。

一個免疫系統健康的人，一顆棒球左右，甚至更小的膿腫，就能讓他病得不輕了。健康的人在經過我們剛才所做的手術，可能會出現感染性休克，而且得花好幾個星期才能復元。但珍妮不同，她接受過至少三次高劑量的類固醇，來治療排斥反應——不是舉重選手增加肌肉時服用的那種類固醇，而是削弱肌肉，讓白血球忽視細菌的那種類固醇。

珍妮術後只像生過一場小病，沒有發燒或任何感染症狀，一個月後她回診，腎臟功能仍十分良好，她說自己每天早上都散步三公里。

我擔心麥斯威爾會怪我沒有在清膿前通知他，我以為他會指責我不負責任，不該在病房做手術。我決定接受指責，向他道歉，希望至少能安慰自己，我好歹找出珍妮的病因了。那天早上離開手術室，麥斯威爾停下來回頭看著我。

「我真希望能看到膿液噴出來時，你是什麼表情。」他說，「噢，還有你身上的襯衫領帶，就當做是你的精神安慰獎吧。」

15. 燒傷的尤蘭達

我當實習醫生時，麥克．道夫（Mike Duff）是燒燙傷科的資深住院醫師，他曾獲選為羅德學者，在牛津時讀的是生理學。麥克在阿肯色州的奧沙克長大，口音比我們南俄亥俄州的腔還重。他看起來與艾佛瑞．紐曼[9]有些神似，但嘴巴較小，頭髮紅卷，是我見過最聰明的人。麥克騎諾頓 750 機車上班，穿全套皮衣皮褲、手拿安全帽走進前門。有時麥克會帶我到脫衣舞俱樂部吃午餐，其中有位舞者是名非常亮眼的越南女子，她腹部有道明顯的盲腸手術疤痕。麥克發現我盯著疤猛看，便說：「是傷口感染，她到醫院時盲腸已經爆裂了，非常強悍的女人。」

我第一天到燒燙傷科和麥克工作時，遇見了尤蘭達。昏迷不醒的尤蘭達插著呼吸器，全身深度燒傷近百分之五十，而且肺部嚴重嗆傷。病歷上說她體重超過一百三十公斤，但尤蘭達剛到醫院時才接近六十八公斤重，我看著她之前的病歷，發現她被救回來的頭幾天，已從

[9] 艾佛瑞．紐曼（Alfred E. Newman），美國知名幽默雜誌《瘋狂》（*MAD*）的封面人物畫。

靜脈輸入超過七十公升的液體，所以現在的一百三十公斤裡，有一半是滲入她組織和肺部裡的輸液。

早上麥克和我一起巡房，我們一致認為她目前最大的問題是肺積水。尤蘭達的腎臟功能似乎還行，所以我們覺得若能幫她除去多餘的積水，應有助於呼吸。我們必需謹慎地慢慢降低血液中的水分，以便引出肺臟與組織內的液體，不致使身體過乾，而傷及腎臟。

麥克告訴我，燒燙傷科主任和他的夥伴都出城參加全國燒燙傷會議了，我們的代理醫師是位曾在燒燙傷科待過的私人執業外科大夫。我們看過所有的患者後，麥克打電話給代理醫師，讓他知道我們的計畫，包括想幫尤蘭達消除積水的事。

我們跟代理醫師一起進行晚上的巡房，我向他報告，我們的尤蘭達脫水計畫沒有發揮作用，他說我們除了幫她爭取多一點時間外，能做的其實有限。

那晚我在醫院待命，到圖書館查文獻，尋找治療尤蘭達的靈感。我找到一條或許可行的辦法，有篇報告的作者群寫道，這種方法就像是幫細胞充電，讓細胞不會那麼容易滲漏。這是種新概念，我只能找到非正式的報告，說對尤蘭達這種患者能成功。翌日上午我告訴麥克，他讀了相關報告，覺得這想法蠻合理的（後來的研究證實，這種技巧並無法改變尤蘭達這類患者的結果）。「可能不會成功，但風險很低，而且我們實在也沒別的辦法了。」

我們大約在中午時進行，先把體重及排尿量記在表格上，然後才開始治療，我們緩慢注射，小心監視一切，確保不會造成任何傷害。到了晚上，我們看到她的尿量增加了，便又注射了一次。到了第二天，我們已從她體內排除近十八公升的液體。她的血壓很好，雖然血檢顯示，我們的處置讓她的循環血量有些乾，但我們覺得不必太擔心，那天晚上我又在醫院待命，我在半夜跑去看尤蘭達，她的血檢結果還是一樣，而且還在排出比以前更多的尿液。燒燙傷科主任明天就會回來了，我很興奮，想讓他看我們的治療成果。

隔天早上我睡過頭了，直到快七點才到燒燙傷科。主任已經到了，他坐在桌邊振筆疾書寫病歷，護士說他凌晨四點就來了。

「主任聽說了你們的小實驗，」她說，「他不太高興。」

我想等麥克來了再說，但我知道主任已經看到我了，便深吸一口氣，走了過去。

「歡迎回來。」我說。

他寫了一大段後放下筆，轉身面對我。他說我做的事跟納粹的實驗一樣惡劣，他告訴我，這是毀掉我的最後一根稻草，他會向穆迪舉報我，如果我沒被控違反醫德，算我狗運好，要是他能做主，絕不會容許我留在外科。

當天稍晚，穆迪召集討論會議，麥克和我備齊我找到的文獻，希望能證明我們的想法不是天馬行空或違反道德。麥克說由他來負責發言，讓他扛起責難，他說他比我受得起處分。我們抵達時，主任已經在跟穆迪說話了，他看起來跟早上一樣火大。穆迪問麥克，我們究竟做了什麼。

「是這樣的，穆迪醫師，這只是一個小小──滴──俗──驗。」他說。

我心想完蛋，我們死定了。

主任差點被咖啡嗆著，他說得有人出面保護他的患者，避免受這種醫療疏失之害。穆迪醫師轉向我，問我有什話要說。我把一疊文獻交給他，告訴他，我認為我們所為並非瘋狂之舉，而是對患者的合理治療。

「而且這方法有效。」我說。

我把表格交給他，指著尿液量、體量和腎功能檢驗報告。

「她到午夜時，掉了二十七公斤。」我說。

主任反駁說，血檢顯示尤蘭達嚴重脫水，為了讓她恢復平衡，他被迫給她三十公升的生理食鹽水。

會議並未持續很久，穆迪沒有在主任面前對我們說什麼，但後來他單獨召見我們，狂飆我們不該不讓主治醫師參與。

「你們不能在未經主治醫師許可的情況下，像自走砲一樣我行我素，那樣會害你被開除。」

我很想告訴他，我們詢問過代理醫師了，醫師說他覺得應該無妨，但是麥克和我已決定不拖他下水了。麥克試圖攬責，說這計畫是他的點子。

「別再鬼扯了，麥克。」穆迪說。

在燒燙傷科輪訓的兩個月，還有大半時日要過，我從不覺得主任原諒我了。他在手術室，還是讓我做我的層級該做的事，但我覺得自己從來沒有立場，去問他對科裡患者有何治療計畫。我們跟穆迪開完會的隔天早上，尤蘭達排掉的二十七公升液體就全又回身上了，另外還增加了四點五公斤。她開始恢復意識，但直到我輪訓練束，她還插著呼吸器，腫得像隻毒蛤蟆。後來我得知，她最終死於感染，其實不論我們做什麼，她復元的機會本來就很小。

16. 多此一舉

一九七九年結束住院醫師訓練，麥克・道夫搬回密蘇里州的休士頓老家，一處人口只有兩千人的小鎮。休士頓是人口兩萬五千人的德州郡郡政府所在地，四周是馬克吐溫國家森林公園。

次年春天，麥克寄了封信給我，描述他在那邊設立加護病房的情況，令我大為讚嘆。他在比我俄亥俄老家更偏僻的地方，建立了最先進的加護病房。當時我還在鑽研器官移植及回老家與爸爸、TJ一起工作間拉鋸，我決定暑假回俄亥俄探視爸爸和家人時，繞路去拜訪麥克和他的醫院。如果我要回華盛頓市，我希望能為當地帶來新意，我覺得麥克應該能夠提供一些建議。

我們的密蘇里之行，包括躲避追著超速的我們，一路殺過馬克吐溫國家森林公園的警察；在全國步道騎乘節的慶祝活動上大啖手撕豬肉、跳波卡舞；以及幫忙麥克的老婆安裝圍欄，以免銅斑蛇闖入他們女兒後院的遊戲區。我參觀了麥克的加護病房，聽許多心存感激的病人說，他們相信麥克一定是耶穌再臨。他能在短短的時間內完成那麼多事，真令我大開眼界。我好想告訴老爸，我對改善他的醫院有何想法。

大約一天後，我在俄亥俄州用過晚餐，老爸要我去看一個病人，有位家醫科醫師請爸爸務必去看看他。爸爸認為患者心臟衰竭，但這個診斷感覺有點怪怪的。

我試著喊醒病人，然後捏捏他。

「他不太有反應。」護士說。

我問病人是否喝了酒。

「百分之百，」護士說，「而且今早開始就沒有排尿了。」

我拉開被子，病人的腹部全是腹水，我發現他應該是肝硬化，肝臟應該已瀕臨衰竭了，我們能做的其實非常有限。

我扶患者坐起來，看著他頸靜脈的血壓往下降。

我說，也許給他一些輸液會有幫助。

「胡說，他身體裡已有太多水分了，」爸爸表示，「看他身體腫的，不管注射什麼，都會滲透出來，我一直給他開利尿劑幫他排水。」

我告訴他，病人肝臟衰竭，而且因為給了那麼多利尿劑，腎臟或許也衰竭了，我說我們能做的不多了。

「我就是怕會那樣。」爸爸說完站在那裡望著病人一會兒。「嗯，還是謝謝你。」

另一天晚上，我幫他照顧一位心臟衰竭的患者，示範如何在心臟上方的大靜脈內放置導管，以確保給他適度的輸液量，不會因為輸液過多，導致衰竭惡化。這是爸爸的醫院裡，第一次有人做這種處理。

後來稍晚，我在爸爸書房的皮躺椅上，找到正在看《洛克福德檔案》（*The Rockford Files*）的老爸，或者應該說，電視上正在演出汽車追逐的戲碼，詹姆斯·葛納坐在火鳥的駕座上，爸爸在椅子上打瞌睡。我好喜歡那個節目。

我坐到沙發上時，爸爸醒來了。

「你錯過精彩的片段了。」

「打了個小瞌睡。」

「是啊，」我說，「所以他在追誰？」

「什麼？」

我們一起看了一會兒電視，我發現老爸又開始打盹了。

「最近工作很忙嗎？」我問。

他眼神空洞看著我，嘴唇下垂。

「媽的，每天晚上都在工作，ＴＪ要出城兩個星期。」

「去看馬展？」

「嗯。」

電視接近尾聲，我以為老爸會跳過新聞，早些上床睡覺。

「記得麥克．道夫嗎？」我問。

「麥克．道夫……？」

「去年你來滑雪時，我們和麥克及另一位住院醫師一起晚飯，他是羅德獎學金學者，奧沙克的棒球投手，講話像鄉巴佬，口音比我還糟。」

「也比**我**糟糕。」

「沒錯。」我說。

他又回去看電視。

「他去年訓練結束，回了老家，在一個不到華盛頓市六分之一的小城裡，開了間外科醫院，還設了加護病房。」

「太強了。」

我告訴他，我們回家途中去密蘇里觀摩他的醫院設置，那對當地人非常重要。

「有一次他把一個病人轉診到春田市，結果那邊醫院的人還打電話來問，病人身上放的是什麼導管。」

我等著老爸提問，但他的注意力顯然都在葛納身上。爸爸年輕時，最愛的影集是《超級王牌》（*Maverick*）。

「病人身上放的是肺動脈導管，他把一位多重骨折和氣胸的創傷病人轉過去了，他先在自己的加護病房治療到穩定後，才轉院到春田。」

「你不是說密蘇里嗎？」

「是密蘇里州的休士頓市。」

「密蘇里也有個休士頓？」

「是啊，在德州郡。」

「太強了。」

電視開始播放演職員名單。

「我在想，幾年後我回來工作，我們也可以做類似的事，但規模更大些。到時候我們可以收治綠田、希爾斯堡洛，甚至威明頓來的病人，只要設立加護病房，就可以照顧像今早的那種病人，甚至能收治更嚴重的患者，等狀況穩定後再轉院到哥倫布。你覺得如何？醫院有意做那種改造嗎？」

「嗯，應該可以吧，但為什麼要改？」

「為什麼？」

「我沒有那些東西，也好端端在這裡服務快三十年了。」

「呃，我想是因為──」

「病人如果真的那麼嚴重，我們派救護車送他們哥倫布就好啦，比用你那個什麼肺動脈導管的還快。」

「但我想可能會有患者死於途中，而且──」

「唉唷，俄亥俄州買了一架直升機，上星期園遊會，他們還飛到這裡讓民眾搭乘。他們說，我們只要一通電話，他們二十分鐘內就可以趕到。」

我不知道還能說什麼，或許老爸是對的，大型的大學教學醫院離他不到六十公里，幹嘛沒事找事。

「何況，」他說，「等你回來的時候，我和ＴＪ還得先花大把時間教你正確的方法，學校教授教的那一套，很多都得改掉。」

老爸起身走去廁所，我到廚房拿了一碗冰淇淋，內人正在廚房桌子上畫圖。

「進行得如何？」她問。

「很好，」我說，「他快想通了。」

等我回書房時，爸又睡著了，而且還打呼。我關掉電視，再過六個月，老爸就六十歲了，他的夥伴出城後，夜班令他疲憊不已，甚至累到沒法好好地清醒說點話，或看他最愛的電視影集。我心想，他的人生真寂寞，夥伴出城後，他成了三、四個郡裡，唯一的外科醫生了。他每天早上做排好的手術，有時甚至開到下午，每週有四個下午在診所看診，每晚到醫院巡房。如果病人受的傷或生的病，他或他的醫院無法處理，就轉至哥倫布；但其他一切醫療工作，則都無後援。我無法想像自己滯留在那裡，我不想那麼孤單，我希望能歸屬於更大的團隊。

一開始，我以為他反對我的新提議，是因為抗拒改變，畢竟多年來，他有他熟悉的工作慣性；但是接下來一週，他的話卻愈來愈顯出道理了。我知道主要的都市醫療中心，都在整合專科的醫療服務，並以這種方式提供小社區裡鮮少用得到的照護。爸爸要我看的病人，並不需要幾個月才收幾名患者的加護病房；他需要的是肝臟移植，或更需要安寧緩和照護，讓他死得有尊嚴。

我太執著於返鄉貢獻新技術的念頭了，我希望像麥克在德州郡一樣，成為英雄，成為跟爸爸和ＴＪ不一樣的英雄，闖出自己的名號。我直到多年後才弄明白，我的野心來自於膨脹的自我，多過於家鄉的需要。我沒回去報效鄉里，不能歸咎於老爸。

17. 醫海浮沉

自從老爸娶了一名酒鬼，讓她成為我的繼母，而繼母又教我如何當刷手護士的整整十七年後，我第一次有機會從頭到尾開一次肝臟移植手術。史塔哲挑了一個他所說的完美患者——年輕，沒開過刀，肝臟除了缺少一種酵素，可說是完全正常，但這個問題卻足以要了患者的命。整個手術就像對正常肝臟開刀，沒有糾纏不清、隨時準備爆開、血淹腹腔的血管。史塔哲讓我跟尚恩開始手術，他則飛去取新肝臟。

史塔哲回來後，和一位主治醫師在盛滿冰水的腎形盤裡處理新肝臟，處理就緒，他過來看我們是否已準備妥當，尚恩和我拿開紗布，拿起肝臟四處翻動，直到史塔哲說沒問題。他回到準備桌邊，說道：「準備好了就告訴我。」

尚恩看著我夾好止血鉗，確定我剪血管時留下足夠長度，以便接合新肝。我們把舊的肝臟交給刷手護士，花幾分鐘縫合一些小出血點，確保每條血管都留好了接合新肝臟的切口。

「好了，」我說，「請把新肝臟拿過來。」

「是的，」史塔哲說，「馬上就來。」

我聽到後邊地上傳來啪嗒好大一聲，我從沒聽過這種噁心的聲音，卻立即辨識出來。

「慘了！」史塔哲說，「我幹了什麼蠢事。」

我轉過身去，看到史塔哲前面地上躺著一副肝臟——就是那副新肝臟。我只覺雙膝一軟，本能地叫護士拿優碘——我們用來刷手和幫患者消毒皮膚的紅褐色液體——以為只要把灰塵弄掉，便能把肝臟救回來，捐贈的器官落地十秒應該沒問題吧？

史塔哲和主治醫師互望一眼，哈哈大笑起來，我以為他們瘋了，直到那位醫生掀開蓋在腎形盤上的毛巾，拿起真的新肝臟給我看。

「你他媽瘋了。」我說。

史塔哲的神情立即一凜。

「好，別鬧了。」他告訴那位醫生，「咱們時間有限。」他拿起肝臟，帶到手術台，硬擠到我和左邊的助手中間。我要了第一根縫線，突然就開始縫合新肝臟了。

我發現自己視線受阻，很難移到我想去的位置，因為史塔哲卡在中間盯著我的每一個動作，用嘴巴指示我縫每一針。

「向左一點，」他說，「不對，少一點，這樣就對了！」

他一直催我加快速度。

「快點，」他說，「現在這裡剛好可以趕進度。」

每個動作，都是趕時間的機會，我覺得房裡愈來愈熱，等到我接完最後一道連結，告訴麻醉醫師可以鬆開夾鉗時，我已渾身溼透，雖然熱，卻又忍不住發抖。我鬆開夾鉗，恢復肝臟血流，看著新肝臟轉成健康的粉色，並開始製造膽汁。尚恩說，那叫黃金膽汁。史塔哲稱讚我表現得很好，誇尚恩是位好老師，然後就離開讓我們去收尾了。手術過程失血很少，花費時間比當年大多數肝臟移植的案例要短。我們將患者推回加護病房時已近凌晨四點，我坐下來寫病歷，感覺自己真他媽的優秀。

史塔哲醫師顯然認為我是他見過最厲害的外科醫師，至少當天稍晚，某位住院醫師是這麼跟我說的。

「你應該聽聽他的口氣，」他說，「史塔哲說他從沒看過有人那樣開刀，你果然厲害。」

果然。

珊蒂說她也聽到了。那晚尚恩告訴我，老闆對手術非常滿意，我想我已經出師了，我將成為匹茲堡大學裡，偉大的史塔哲之外，唯一會做肝臟移植的人，就我所知，匹茲堡大學肝臟移植的數量，比全世界其他地方加起來都多。

當天下午，我流連在患者的病床旁，指示每四小時進行一次常規血檢，第一次血檢結果出來得遲了，害我差點喘不過氣。結果出爐後，我看到一切正常，但只開心了一下，因為我又開始擔心下一次的驗血結果了。患者醒時，他的父母都在，患者說他喉嚨有點乾。他們逢人就說好感恩，我很想讓他們知道，我才是那個創造奇蹟的人，但我覺得不該讓他們失望，也不該得意忘形。

夜深後，我知道病人不會有問題了。我去太平間牽腳踏車時，已經至少一天半沒睡覺了。我背上背包，扛起腳踏車爬了兩段樓梯，踢開門的橫桿，來到狄索托街。

我不知道外頭已經下雪了，我原想打電話請內人來接我，但想起她在莎迪賽德的餐廳服務酒水直到深夜，只好作罷。天空飄浮著大片雪花，我被巨大的死寂深深吸引。

我騎下山坡，幾乎不握剎車，然後左轉進入奧哈拉街，車子只稍微搖晃了一下。等越過康科迪亞俱樂部時，我已輕輕唱起了歌，那天早上我在綁最後一針縫線時，收音機裡正在播放奧莉薇亞．紐頓．強的〈健身操〉，此刻我愛死她了。

奧哈拉街變成畢格魯街，再騎三個街口後向左轉，我像軌道上的火車，開過一層薄薄的濕雪，然後直上貝亞街。我在轉進艾爾沃斯時，看到一個騎紅車的傢伙。

我像戰鬥機飛行員似地衝向他，直到最一刻才從他旁邊擦過，當他杵在那裡沒動似的。

老子就是那麼厲害。等到我稍稍放慢，他追到我旁邊。

「喂，老兄，你得騎慢點！」他大喊道。他是非裔美國人，騎的腳踏車看起來跟我的車子一樣貴，也許更貴，因為我的車上個月著了火，現在還停在我家前頭，蓋滿了雪，等著我去修理。

我腳踩踏板，揚聲大笑，競賽般疾馳而去。我不知道他有沒有跟上來，但我假裝他有，並繼續低頭全力踩踏，直至看到前方的南艾肯街。我在左轉時停止踩踏，將全身重量壓到外側踏板上，把車頭往右推。腳踏車左傾入彎，我都快過去時，後輪卻突然打滑，我跌倒速度之快，根本來不及弄清狀況，直到那位老兄撇下腳踏車過來看我。

「喂，老兄，你還好吧？」

我爬起來找腳踏車，他扶住我的手臂。

「你最好休息一、兩分鐘，」他說，「先回過神。」

我說我沒事。

「就算沒事，還是緩個一分鐘，定定心神。」

我坐在路邊，突然覺得又濕又冷又倦，止不住發起抖來。我好想躺下小睡片刻，然後再沿著上坡騎完最後幾個街口回家。

「你他媽的以為自己是誰?你會說法語嗎?」

「嗄?」

「難不成你是有名的法國自行車手博納·伊諾嗎?你知道伊諾嗎?他的綽號叫『獾』,你知道嗎?」

「獾?」

「你要去哪兒?」他問。

我說我就快到家了,「就在前面的山坡上。」我指著前面的路說。

他從南艾肯街旁的灌木叢裡,幫我把腳踏車牽來。「看起來還好。」他邊說邊讓車輪在柏油路上彈幾次。

我站起來牽車,感覺濕冷的左大腿內側一陣灼痛。

「我看你那邊應該被路面擦傷了。」他看著我揉大腿說。

他扶我上車,從後面幫忙推了一小段,讓我順利成行。

「慢點騎啊,老兄。」

我不記得自己是否說了什麼。

接下來兩個星期，我覺得自己像個搖滾巨星，無論我到何處，都有人告訴我，史塔哲誇我是個了不起的外科醫生。

還不錯嘛，我心想，可是如果我不必扭著身體動大部分手術，一定可以做得更好。患者的狀況很好，沒有併發症，比一般情況還早出院，回家還趕得及下學期的開學。我並不信什麼世界最棒的說法，但我知道自己真的挺厲害。

幾個星期後，我有了第二次機會。我從一開始就知道這例手術較難處理，但尚恩幫我避開了問題，史塔哲取回肝臟時，我們已經準備就緒。那時我還不知道，當晚會有非常重大的影響。

三十多年後的我捫心自問，已不敢說史塔哲若放手讓我和尚恩縫合肝臟，我們會做得好很多；但當時我確實那麼想。那天光縫合第一條血管就花了快一個小時，遠超過縫合全部四條血管加鬆開止血鉗該用的時間。大部分時間我根本看不到下針的地方，最多只瞥見一、兩秒，那種感覺就像在電影院裡，坐在頂著爆炸頭的美國職籃長人賈霸後面，我得移動頭部鑽空檔看，然後史塔哲站姿一變，後腦勺又擋上來了。有時候他會抓住我的手，試著指引我下針的地方。

「不是那裡！是這裡！」他會說。

「史塔哲醫師，我看不到。」

「那就想辦法找個能看見的地方，真他媽夠了。你若想當外科醫生，就得學會這麼做。」

第二天，患者的血檢顯示肝臟嚴重受損。

「他應該熬不過了。」史塔哲巡房時說，「我們得再找個肝臟。」

在走廊，我發現別人會避開我的目光；在廁所隔間，我聽見幾個住院醫師嘲笑我跌值，從世界頂尖掉到最多一般。「噢，不不不，我愈想愈覺得只能算三流醫生。」其中一人模仿史塔哲的聲音說。

那位患者後來還是復元了，我感謝老天，簡直樂不可言。他比大部分患者多花了幾個星期，但畢竟好轉，順利出院回家了。

我馬上遭到降級，等了好幾個月，才有機會再動肝移植的刀。我私下四處請託，跟任何願意聽的人吐苦水，但主要對尚恩訴苦，說我被騙了，史塔哲霸佔掉所有空間，擋住我的視線，又不信任我，任何人在這種情況下都無法開移植手術。如果史塔哲認為我需要別人大力幫忙，一開始就不該讓我主刀。我雖被打入冷宮，還是盡可能參與，不妨礙別人，但也絕不放過任何機會。

我一直認為，上腔靜脈是縫合新肝最困難的地方，因為靜脈藏在橫隔膜底處，很難看得到，尤其牽引胸廓的人如果力氣沒洪醫師大、沒他認真，就更加困難了。但是做第一例肝移植時，我發現竟然出奇好縫。雖然我從沒縫過，但是看過史塔哲做過很多次了，我看到自己的雙手模仿史塔哲的動作，連翻動手腕重握針、拉出縫線都如出一轍，就像看到他一樣。我在不斷觀看他的過程裡，學會了手術。

我終於在來年夏天才又有機會開肝移植手術，感覺像是某人臨時想到的選擇。尚恩跑來找在巡房的我，說要我主刀。

「什麼時候？」我問。

他說我們半夜開始動刀，史塔哲會在兩、三點前把肝臟帶回來。

「他今天很累，」尚恩說，「可能是病了，也許他回來後會直接回家。」

事情果真如他所說，史塔哲帶肝臟回來，在後方桌上處理妥當，把肝臟交給我，在旁邊觀察幾分鐘後，便默默離開了。

我的肝臟移植生涯就此展開，整個過程似乎有點虎頭蛇尾，但我並不這麼想。我覺得像從監獄裡被放出來——或許還在假釋，卻能開始感覺又像個外科醫生了，更棒的是，能感覺像名肝臟移植醫師，一位在一九八二年，全世界屈指可數的肝臟移植外科醫師之一。

第二部　前線

18. 下水褲

一九八〇年代初期，我們還在摸索凝血及肝臟移植的相關事項。後來我才知道，在匹茲堡大學的早期病例中，馬克斯·史汀森的手術失血量算最少的了。即便如此，在那幾年，有時手術的出血量，仍然顯示我們學習得不夠快速。

當年我們的腰部以下經常泡在血水中，等到我只剩下兩條內褲可用，鞋子就算用漂白水洗過，聞起來仍像是壞疽時，我知道非得想點辦法不可了。

我無意誇大手術的流血量，但到後來我們終於學會了控制，幾乎所有的肝臟移植手術，都不會流失太多的血了。不過即使在初期，偶爾也會有出血量很少的時候，我們在拉開鋪單，請人送推床過來時，麻醉醫師們會互相擊掌慶賀。當時我見識過的出血情況，涵蓋各種程度，從不太多，至大到我們得站到台子上，才能離開地面的積血。有時來觀摩的醫生休息時，因不知自己身上沾了很多血，你可以沿著走廊，一路跟著他的血腳印直入廁所，知道他用的是哪一隔間。

我們使盡一切技巧處理出血，沿鋪單的邊緣折起溝槽，防止血液外溢到我們身上，但鋪單畢竟只是布做的，血液還是能滲透出來。有時呼吸器開動時會把橫膈膜往下推，血液便一波波衝破溝槽。有一陣子我試過不穿內褲，但血液會從我的陰囊往下淌，沿大腿內側向下滴流，堆積在我黏呼呼的鞋墊上。我在手術室裡穿的是舊的膠底高筒帆布鞋，我從讀醫學院就開始穿這雙鞋了，以前幾乎不太洗，雖然橡膠鞋墊四周有點磨損，但大致上還是白的。這雙鞋現在看起來像從醫療廢棄物裡拖出來的東西，我原以為用漂白水泡過之後，應該能除去污黃的顏色和臭味，但效果不彰。它讓我想起學生時期，第一次到醫院輪訓，克里夫蘭榮民醫院腸胃科病房裡的氣味。我從小在養豬場和飼牛場長大，我告訴榮民醫院的實習醫生說，這裡的味道比那裡更難聞，感覺像死亡的氣息，他叫我習慣就好。

我有一條下水褲，我想應該能解決沾血的問題。這是我在猶他州時，買來穿越貝爾河保護區的沼澤，去獵鴨或獵鵝時穿的。我站在及膝的水中，四周都是冰冷的碎冰，射下我第一隻，也是最後的一隻雪鵝，有下水褲護體，我覺得溫暖而乾爽。

有天晚上我被電話吵醒，要我到醫院協助史塔哲醫師。一開始我還搞不清楚狀況，因為當天稍早，尚恩因為我已經有點神智不清，叫我先回家休息。那時我轉了兩次小型噴射機，到佛羅里達的兩個城市去取肝臟、協助史塔哲做移植、到加護病房巡房，而且不停耍寶講笑話，弄到他受不了我的神經兮兮。「你沒法幫我，」他說，「回家去睡一下吧。」

打電話的人堅持要我回醫院，說她們一直在聯絡我。我問她現在幾點鐘，她說那不重要，史塔哲醫師要我立刻回醫院。

我在毛毛雨中踩著腳踏車，穿過油膩膩的街道，停車時還弄髒了太平間的地板。我抵達手術室時，還不到凌晨兩點，史塔哲醫師已經開了好幾個鐘頭的刀了。救不了了，他說，醫師不想放棄，但體力已經耗盡，沒辦法只能找我，情況似乎無望，但我想，史塔哲想看看我能做什麼。

麻醉醫師告訴我，光是切開皮膚，失血量便已達二十個品脫，或等於患者兩倍的總血量。我問患者是誰？他們告訴我後，我就懂了。患者是來自紐澤西州的大學生，在加護病房等換肝好幾個星期了。他的腹部簡直像毒蛇窩，巨大的靜脈從肚臍向外放射，是我見過最大的蛇髮女妖。我花了一個鐘頭止血，然後大夥才漸漸趕上進度。史塔哲回來後決定開始移植，還記得我仔細觀察史塔哲，看他是否露出對我滿意的表情。

新的肝臟恢復血流後，又開始出血了。這種事有時會發生，如今我們知道原因，也懂得如何處理了，可當時卻束手無策，只能繼續埋頭工作、縫合、塞紗布、再縫合。我不記得史塔哲待了多久，也不記得手術結束後，我到等候區對家屬說了什麼，手術最後總失血量幾近一百個單位，是我見過最大的出血量，耗去了整個城市和郡，甚至更遠的地方的血庫。病人幾天後醒來，最後出院回家了。

下水褲的缺點是只到臀部，如果走在貝爾河保護區，遇到水深高過臀部的地方，褲子就會變得又溼又冷，沉重如錨。替紐澤西的大學生開刀時，浸滿臀部以上的血液，最終都流積在靴子底處了。我本來想買一條高及胸部的下水褲，但價錢太貴了。我跟黛安提這件事，她拿她解剖時穿的圍裙給我看，黛安就是告訴我，可以把腳踏車擺到太平間的那位病理科住院醫師。她送我一件可從胸部遮到膝蓋底下的塑膠圍裙，圍裙很乾淨，但已發黃發霧了，她說應該是甲醛的關係。

圍裙加上下水褲，我就萬無一失了，但這些橡膠和塑膠材質，有時悶得我汗如雨下，熱到差點昏倒。我試著把這樣的裝扮留給出血量可能較大的手術，不過我實在拙於預測。我不記得自己何時開始不再穿下水褲了，但我在一次動完長刀後，因褲子已開始滲漏，且奇臭無比，便索性跟醫療廢棄物一起扔了，雖然它還遠不及我的帆布鞋臭。我在軍用品店買到一雙橡膠鞋，價錢只有耶誕節郵購目錄裡的一半，我把鞋跟的羊毛氈內襯拔掉後，搭配圍裙一起使用。

我們科裡有位從田納西州蓋特林堡來的輪調住院醫師杰弗遜·戴維斯（Jefferson Davis）。有一天，他協助我們進行移植手術，我切到一根大血管，血液噴到手術台上快一公尺高，濺到他的臉上時，戴維斯竟然把頭湊上去，像熊一樣咆哮起來，他搖晃著頭，彷彿剛從怒叉河中咬出一條虹鱒，令我印象深刻，大夥哄堂大笑，但那是在我們知道AIDS之前的事。

幾年後，美國食品藥物管理局批准一種測試HIV病毒的新方法。一九八五年冬，我搬到內布拉斯加州後，史塔哲打電話給我，說有壞消息，要我坐下來聽。他說他們檢驗過匹茲堡大學肝移植患者留存的血液樣本。

「有些是陽性。」他說，「而裡面很多刀都是你開的。」

「他們可能是輸血時感染的，」我說，「也許我們的風險很低。」

「呃，我們這裡的人都驗過了，」他說，「當然了，我不能告訴你結果，我只能說……」

他遲疑了幾秒。

「我建議你搭飛機到芝加哥或丹佛，找個不可能有人認識你的地方去驗血，除非你不想知道答案。我也不確定你能怎麼辦，不過你應該知道，你的太太或兒子也該驗一下。」

我在匹茲堡的前幾個月，正值冬季。我與來自土耳其的穆奇醫師一起協助史塔哲，為一名B肝患者進行換肝手術。當時尚未發明肝炎疫苗，我們都很擔心會被感染。史塔哲說他在丹佛時已得過肝炎，病得很重，差點死掉，他有一位同事因此去世。史塔哲說，這是正常風險。穆奇和我戴了兩層手套，希望藉此降低風險，但是史塔哲在縫合門靜脈時，不小心刺到穆奇的手。手術的空間很小，穆奇把十二指腸拉開，騰出空間讓史塔哲縫針，每次針頭刺穿他的手套，穆奇就跳一下，史塔哲便斥喝要他別動，說他會把靜脈扯成兩段。

B型肝炎的平均潛伏期是兩個月，六十天後，穆奇臉色發黃，差點丟了小命。他休養好幾個月才康復，等他歸隊，聽說新的試驗疫苗出來了，我是第一批簽同意書打疫苗的人。

我從沒做過HIV檢驗，我不確定為什麼，因為通常我對這種事都挺憂心的。我從當時的文獻得知，醫師幫HIV帶原者開刀，感染病毒的機率非常小——與肝炎的感染率完全無法相比。我想過打電話問尚恩那邊的情況，但終究沒打。後來我才知道，當月稍早我在申請辦理人壽保險時，他們已經幫我驗過HIV了，當時檢測HIV還無需經過本人同意。我猜結果應該是陰性，否則他們不會賣我人壽險。

19. 精彩的歌劇

手術台上躺著一名堪薩斯來的男子，他有老婆和兩名五歲不到的女兒，還有一副爛肝臟。他的腹中積滿了水，皮膚亮如南瓜，在我的手術刀和他的肝藏之間，橫著一堆纏如蛇窩的血管。

我看著四名刷好手，等著協助我的外科醫師，尚恩在休息室裡抽煙，當時他已幫我做過幾十例移植了，知道我若遇到麻煩，定會叫他。「人肉牽引器」洪醫師衝我咧嘴笑，我要求遞刀過來，大夥便開工了。

有時候，我覺得冷眼看著自己開刀，雙手彷彿屬於別人。我訝異這雙手與史塔哲的如此神似——那拿起剪刀，食指鑽進組織層間不存在的空間裡，纏起充血的血管，以及輕壓住滲血切口的動作。我發現這名外科醫生，很清楚該怎麼做。

由於醫療保險認同我們的處理方式，病例隨之增加，匹茲堡也成了肝臟移植的聖地。世界各地的外科醫生紛紛結隊前來取經，學習我們的做法。

我們常常同時進行兩、三台刀，老闆在其中一間觀摩室執刀，我在另一間。訪客總是聚集到他的觀摩室，有一回，我問我唯一的訪客，來自米蘭的外科教授，為什麼沒過去那邊。

「因為太擠了。」他說。

不知道為何，那邊總是人氣超高。

「你的刀太無聊了，」他說，「我們是來看歌劇的，精彩的歌劇都有一種**死亡**的味道。」

手術大多發生於夜間——有時我們會敗戰，但不致被擊垮。我們不是故意要熬一整夜，或太陽升起後，我們能呼吸得更順暢；我們只是無法控制電話何時會響起。我們不眠不休，忘記所有，活在自己的世界裡，只有當醫院自助餐廳把蛋端上來時，才知道天之既白。每當電話鈴聲在夜裡響起，我們的時間就一遍遍重設。

艾倫．哈奇森和我，就是在那種情況下，於匹茲堡的冬夜相會。電話在不同時間，不同的地點響起，但都為了同樣的理由。它將我們從床上喚起，將既害怕又充滿期待的我們，推往夜色裡。

那時我在匹茲堡已受兩年訓了，那年夏天，我的車子著了火，被離婚榨乾我所有的現金，不過我若小心一點，即使在冬天，還是能騎著腳踏車，在二十分鐘內，從馬爾辰街的公寓趕到醫院。

我去看艾倫．哈奇森的那天晚上是星期天，我會記得，是因為繞過奧哈拉街，騎到狄索托街時，空氣裡飄散著一股混合電器短路和我奶奶爐子煤煙的臭味。那味道避都避不掉，就連開刀房的濾淨空氣裡都聞得到。那味道讓我想到匹茲堡的冬天，天空一片厚灰，入夜後又更加濃重。

我到城裡的第一個月，便打探那是什麼。我們剛要開始動移植手術，大概得花兩天時間。雀斯特是那個周日晚的刷手護士，我找到他時，他正在手術室的大桌上擺器具。

「那是什麼味道，雀斯特？」

正在疊器具盤的雀斯特停下來，歪頭看著我。

「味道？」他問。

「是啊，這附近夜裡會有的那種味道，」我說，「你深吸一口氣，連這裡都聞得到。」

「噢，那個呀。」他打開一袋消毒手套放到桌上，「那是煉焦爐的味道，醫師，」他說，「你現在是在鋼鐵之城。」

護士說他們會在星期日清理焦爐。

「但得等到晚上才清理。」雀斯特表示，「要等鋼人隊打完球賽，所有人都醉到不在乎之後。」

此時此刻，在這個週日夜裡，我沿著黑溜溜的街道，穿越焦爐的煙氣，把自行車停到停屍間，我要給艾倫．哈奇森太太一個新的肝臟，我是那麼告訴她先生的，他簽了文件，表示瞭解所有風險，但我們都知道那只是形式罷了。

「法律的東西。」等他為艾倫埋葬，把她的鞋帽送人後，阿勒奎帕（Aliquippa）的鄰居問他簽什麼時，哈奇森先生大概會這樣告訴鄰居。

這些年，我見過病人死於手術台上，但都不是由我負責，而是由別的更年長，更有經驗，即使不在場，其位階、頭銜或信譽，也能成為我的庇護，讓我有不在場證明的人。最後，我一定會找出患者死於手術的癥結，多數時間，我會去檢視與患者相關的問題。病人若肯好好照顧自己，戒煙或不要喝那麼多酒；或能在病情惡化前，早點到醫院；或患者年紀如果不那麼老。有時我會告訴自己，我是唯一可能救患者的人，如果連我都救不了，那麼……

但這套自圓其說的辦法破功了，因為我想到可能有人，某位更聰明、更有經驗、比我更厲害，甚至是某位我認識的人，會有不同的處理方法，我當時若那麼做，便不至於落到滿手鮮血，還被血浸透內褲的下場。

我必須記住，艾倫．哈奇森死時，沒有別的人有空幫她。幾位外科大咖全出城開會了，他們去威尼斯、京都、博卡拉頓[10]，反正通通都不在。我還只是個受訓的研究醫師，需獲得特別許可，取得緊急手術特權，才能幫艾倫做移植。

事實上，我很清楚自己在做什麼，我獨力操刀的經驗足以讓我知道，一切都會沒事。手術前，艾倫待在等候區時，我去見哈奇森先生，便那樣告訴他。

「你年紀多大？」他問

我告訴他三十三歲。

「史塔哲醫師來了嗎？」

我表示史塔哲醫師出城了，「他經常旅行。」我說。

「我們是到這裡看史塔哲醫師的。」他說。

我解釋自己是史塔哲醫師訓練出來的，艾倫仰躺望著天花板，我用手按壓她的腹部，她的肝臟又大又硬，幾乎腫到臀部了。哈奇森先生探過身子，讓妻子能看到他的臉。

「過去三、四個月，大部分移植都是我做的。」我說。哈奇森先生不肯看我。

艾倫．哈奇森望著她丈夫的臉，沒有轉頭，她瞻黃的雙眼深陷在頭顱裡。哈奇森先生撥開她額上一束灰色捲髮，他的那隻手少了一根指頭。

我到手術室時，艾倫・哈奇森裸躺在手術台上睡去了，刷手護士站在工作台邊擺設器具、鋪單、袍子和手套。護士背對著房間，已穿上袍子戴上口罩了。麻醉醫師坐在工作台首的凳子上寫文件，他不是我想要的麻醉醫師，我靠過去仔細看患者，麻醉醫師抬眼說。

「很興奮吧？」

我點點頭，四下環視房間。我看到房間角落靠近後門的地方，有我需要的推車，便走過去取車。刷手護士抬起頭。

「嘿，柏德。」她說。

「莎拉。」我說，「妳好嗎？」

「噢，好得很。」她眼角皺成一團，我知道她正在笑，「問題是，你好不好呀？」

我從推車裡拿起需要的一捲紗布，走過去包住病人的雙腿。

「嘿，」莎拉說，我回頭望著肩後，「手術不會有事的。」

「是啊，會好好的。」房間另一頭的麻醉醫師說，「只要你沒搞砸就成了。」

我停下來，背對他，把雙手放到艾倫・哈奇森的腿上。我閉上眼睛，聆聽後方空氣處理

⑩博卡拉頓（Boca Raton），位於美國佛羅里達州棕櫚灘的城市。

機的隆隆聲、麻醉機的嘶嘶聲，以及心跳監視器隱約的嗶嗶聲。

我感覺有人搭住我的肩，回頭看見洛斯站在我身後。

「教授。」我說。

他在口罩下咧嘴而笑，「介意我加入嗎？」

洛斯是新堡⓫的知名外科醫師，說是諾森伯蘭郡來的。他與許多來此的國際人士一樣，到匹茲堡學習肝臟移植術。不過他跟大多數人不同，洛斯總是早早出席，且待到極晚。我抬頭望著環繞天花板的窗子，觀摩室仍是空的。等我們開始手術時，上邊大概會有五、六名外科醫師觀摩，或用臉抵著玻璃睡覺。

「當然不介意。」我說，我看著他後面的麻醉醫師，他正在大笑著講電話。「這台刀應該會很快。」

洛斯戰戰兢兢，聳聳肩，抓住我的手腕。

「記住了，」他對我搖搖指頭，「絕對不要測試眾神。」

我讓其他人縫合刀口及清理，自己到家屬等候室找到獨自一人的哈奇森先生。他正在看《婦女家庭雜誌》，等候室裡還擺了《好管家》雜誌，是某位志工——也許是位寡婦——從家裡帶來的。

哈奇森先生站起來等我走向他，當時好像是清晨五點或五點半，一名清潔工正在打磨販賣機旁邊的地板。

我記不清自己說了什麼，我相信醫學院應該有教過我們，如何通知家屬，他們心愛的人走了，那似乎等同告訴一名男人，說你殺了他妻子。

我請他坐下來，但他不肯，只是默默等著，當我告訴他艾倫已經去世，他在椅上頹坐片刻，然後開始搖頭，將手裡的雜誌越捲越緊。我想坐到他旁邊椅子上，但他再度站起來，然後朝我走過來。

「你跟我說她會沒事。」他用中指戳著我的胸骨，因為他的食指不見了。

我想跟他說問題出在哪裡，我們的麻醉醫師不是頂尖的，我好想說，我對那傢伙從來沒有信心，當問題開始出現，他根本不知道該做什麼，等他們去求助，等我們最棒的麻醉醫師出現時……已經來不及了。我好想告訴他，我們陸續做了一個多小時的心臟按摩，失去她，又將她搶了回來；當可憐的老洛斯停止按壓，抬頭用一對疲憊的灰眼看著手術台對面的我，

⓫ 新堡（Newcastle upon Tyne），位於英格蘭東北方。

問我是否結束時，我將他一把推開，親自按摩心臟。我按個不停，直到最後終於發現每個人都往後站開，瞪著我，才明白，我們救不回她了。

哈奇森先生搖著頭來回踱步，自言自語，不時拿雜誌敲自己的大腿。地板打磨機越推越近，鬧聲隆隆，我聽不清他說了些什麼。我朝他踏近一步，覺得也許應該搭住他的手臂或做點什麼。

「我該怎麼辦？」他對我吼。

清潔工搞不定那架機器，本來機器安靜地好好打磨著，突然又滑過地板，撞到椅子或可樂販賣機。

我問哈奇森先生，要不要我打電話給誰，也許打給他家人。

「家人？」他怒吼：「家人？你想知道我有沒有家人？」

他垂下頭，我以為他又要開始踱步了，可是他卻走到我面前，重重喘著。

「你剛剛殺掉了我的家人，孩子。」他不再怒吼了，「她是我的一切，現在她死了，這都拜你所賜。」

他往後退開，撞到椅子，頹坐而下。清潔工把打磨機留在房間中央，大概是跑去求助了。我好想替他把工作做完，因為看起來沒那麼難。

哈奇森先生坐著凝視攤在腿上的雜誌，我坐到他對面，手肘放在膝上往前傾身，也許我想讓他抬眼看我，卻又希望他不會。

「哈奇森先生？」

他再次捲起雜誌，像根木棒似地橫握在腿上。

「我們需要葬儀社的名稱。」我說。

他抬起頭說了句話，但打磨機又啟動了。

「對不起，」我說，「我聽不見。」我指著肩後的鬧聲說。

「薛菲德葬儀社，」他說，「阿勒奎帕的那一間，在法蘭克林路上。」

我離開椅子上的他，現在是另一個人在操作打磨機了，他滑著大弧，優雅地來回擺動機器，朝哈奇森先生所坐的角落推進。

艾倫．哈奇森血液盡失的屍體光溜溜的躺在手術台上，他們已經移走藍色的手術鋪單，關掉房間的燈了，但巨大的手術燈仍照在她身上，她看起來像是由石膏雕成。我走過去，站在我幾乎站了一夜的點上。我切開的口子像賓士的標誌，而且切口很大。我讓其他人用大圈線縫合，他們縫得七零八落，我很後悔把這位陌生人託付給他們。

雀斯特進來走到房間後方，瞪著金屬桌面，他們把所有手術器具堆在不鏽鋼的籃子裡。「真他媽的。」

「幹。」他搖頭說，用指尖拎起一個大的直角牽引器，然後把器具丟回籃子裡。

籃子裡幾乎每樣物件上都凝著乾涸的血，台子邊淌著棕色的條紋。雀斯特低頭望著地板上黑得發亮的血灘，他突然往後退開，像踩到狗糞似地抬起自己的腳，絲毫未留意到艾倫‧哈奇森或我。

「大家都跑哪兒去了？」我問。

他整個驚跳起來，「媽呀，別這樣！」他用手擋住眼睛，在燈光中瞇著眼。「噢，是你啊。」他找到塑膠手套戴上，「我他媽哪知道啊，醫生。」他一手一邊，抓住器具台，「也許又有重傷病人啦，我只知道他們派我來拿這個。」

我看著雀斯特把器具車推出後邊的入口，門閉上時，我看到一名男子坐在門後的地板上。他雙臂交疊，放在膝蓋上，頭枕著臂膀睡著了，男子還戴著手術口罩，不知他是否覺得面罩可以保護自己。

「是洛斯嗎？」我隔著屍體低聲呼喊，然後穿過房間，走去確認一下。「嘿，洛斯。」我得用搖的，「你在幹嘛？」

一開始洛斯一臉迷糊，他年紀老了，還陪我熬了一夜。洛斯是英國極受尊崇的教授，根本不該睡在地上。

他對我微微一笑。

我覺得累極了。

我走回手術台，他們已清洗過屍體了，還撤去她身上所有的管子，這令我頗擔心，他們應該把管子留著做驗屍用。手術台底下，有條白色塑膠床單、一卷扁平的白麻線和放著文件的文件夾。他們一定是在匆忙離開時，留下死亡工具組的。

洛斯就在手術台的對面，他依然戴著口罩。我伸手把他的口罩拉下來，看著他的嘴巴，問他知不知道去哪兒找推床。他點點頭，然後離開。

我站在艾倫．哈奇森的屍體旁，想著所有該做的事：用麻線把雙手交叉固定，擺在身上，用白塑膠布裹住屍體，放到推床，填妥死亡工具組裡所有的表格，寫上她的死因。然後用白床單覆住推床，把床推進電梯裡，穿過通道到太平間，再騎上我的腳踏車離開，因為有人會需要用這個房間做一般手術，做那種能成功讓病人……不會因為有人失職，害死一位來自阿勒奎帕，也是她先生唯一親人的可憐老婦。

洛斯回來說他找不到推床，他看著我將繞在死者手上的線繩綁結。

「回家去吧。」我說，他看起來筋疲力竭，「我可以處理。」

他走過來站到我身邊，我感覺他伸手搭住我的肩膀。我咬緊牙關，淚水卻注滿眼眶，我雙腿一軟，踉踉蹌蹌往後退，離開艾倫・哈奇森。洛斯試圖扶我，兩人卻一起跌在地上。

20. 相信生命

二〇一二年八月，內人蘿貝卡的奶奶與父親相繼在十天內去世，一個月後，我那位比家父年輕二十五歲，滴酒不沾的第二任繼母打電話跟我說，她得了白血病。幾個月後，她在聖誕節前四天死了；次年夏天，我父親死於心臟衰竭。他們全都得了不治之症，我們似乎該理所當然放棄生命，然後在他們的病榻旁，陪伴無數個日子，等待生物學發揮功能。

蘿貝卡的奶奶名叫瑪薇，我們在一月才幫她慶祝百歲大壽，她在七月的最後一個星期日便中風了。值班人員發現她躺在自己房間地上，無法談話或移動她的右側身體。蘿貝卡說，她禮拜五去看瑪薇奶奶，她還沒有異狀，奶奶忙著打橋牌，無法分心談話。蘿貝卡覺得瑪薇和她的朋友們如此認真玩牌，相當難能可貴。「噢，好吧，」她說，「我星期天再來看妳。」

在醫院裡，我們看著急診的護士忙著處理瑪薇右臂上的瘀傷，瑪薇則用眼神瞄著蘿貝卡，試圖講話。瑪薇的右臉無力，無法移動右臂或右腿，而且她沒辦法說話，從她眼神中我只看到了恐懼。

「那邊我照過X光了，」護士指著瘀傷的手說，「沒事，沒有斷，我還叫他們幫整個肩膀、鎖骨等都照了X光，都沒事。」

她說他們按中風程序處理瑪薇，但瑪薇的血壓飆破了陸上行駛速度記錄，我想說點什麼，但覺得高血壓若能讓中風再嚴重一些，或嚴重許多，也許更好，就讓他們的疏失，變成奶奶最好的朋友吧，我心中暗想。

醫生們說她嚴重中風，有多嚴重，有人問。醫生解釋病情嚴峻後，我們決定只給她安寧療護。他們把瑪薇轉到安養院，不再餵她吃藥，只幫她量血壓脈搏，每天數她的呼吸數兩回，如果有人覺得她身體疼痛或煩亂，便給她嗎啡和安定文[12]。

四天後，我覺得她看起來沒那麼煩亂，不再煩亂了。四天之後，瑪薇不肯——或沒辦法——張開眼睛。我拉起她沒中風的左手按壓著，她沒有回按。

星期一，她回按了，而且很用力，不肯鬆手。當時我想，可能只是反射動作，不是出於意識，但我什麼都沒說。

我看到她床邊桌上有支手電筒，便拿起來照她的眼睛，她的瞳孔未起反應。瑪薇還是自主呼吸，尿袋也幾乎是滿的，所有身體都還有功能。

「還是很難講。」我說。

沒有人表示什麼，我想解釋，她的瞳孔動都不動，而且擴大了，那表示她的腦子很可能不運作了，但我不覺得說了有幫助。

那天下午，我跟蘿貝卡談到底線的事，當你決定某人不該再活下去的底線。「我們不再給奶奶任何液體或食物或任何心臟藥了。」我說，「我們不是給她某些促成死亡的東西，只是不給她賴以維生的物品。」

我們都希望奶奶走得平靜，我們都瞭解她再也無法恢復過去的她，不能成為她所希望的樣態。

有人說，蘿貝卡的表哥彼德，不願我們大家在場的時候去醫院，我擔心彼德認為我們在殺害瑪薇，我可以理解他的感受，我自己也有過太多次同樣的糾結。那條界線總是模糊不明；被所有的不確定、情緒與不斷燃起的希望，攪得曖昧難辨。我說我可以跟彼德談一談，分享一些自己的經驗。某阿姨說那無法改變他的心意，但我並不想去改變他的想法，我只是覺得，如果他那麼掙扎，或許會想知道自己並不孤單。

日子拖著拖著，預期漸漸化為不耐。我想起了那些游走於選擇放棄，或無謂地繼續作戰的種種時期。就瑪薇的狀況而言，我們不知她何時會死，是最困難的地方。如果我有一管裝

⓬安定文（Ativan），抗焦慮失眠的藥物。

了氯化鉀的針筒，便可以解決問題了。我會走到她身邊，把針頭刺入她臂上的血管，將藥液注射進去，然後等幾秒鐘，等她的心跳停止。好了，事情結束了，我們可以回去過自己的日子了。

當然了，那將會是謀殺。

以前我也起過讓病人死掉的念頭，那是在漫長可怕的手術中，當堅持似乎成了浪費時間，當我極力搶救的生命，已不具意義時，最合理的做法，似乎是選擇轉身離開，告訴護士、麻醉醫師和對面瞪大眼睛的醫學院學生，我們已經結束了。把機器、燈光都關了吧，咱們都回家休息，明天回來，重新開始。

湯姆．史塔哲懂得那種誘惑，他一輩子都在跟這種誘惑作戰。每次我們熬至深夜，費了半天或更久的時間移植肝臟，不休不眠到幾乎無法站立，對病人的存活失去信心，他便會感覺到我們逐漸棄守。也許他正在縫合一小條血管，而負責抽吸的人手腳變慢，令史塔哲突然無法看清該縫何處，或老實忠厚的洪醫師開始眨起眼，拉開肋骨的手勁稍鬆，阻去史塔哲的視線。

「我操你媽的去死！」湯姆便會大吼。有時他像大發雷霆似地重重跺腳，然後用最尖高的方式，說出那句利劍般的至理名言：「任何不相信生命的人，都給我滾。」

我第一次考慮謀殺，是在匹茲堡。我幫一名來自科羅拉多州杜蘭戈的傢伙開了十個小時的肝移植後，考慮是不是該拿掉夾鉗，讓他血流而盡，那樣不到一分鐘就能結束了，大夥都可以去吃早餐，抱怨培根煎得過焦。杜蘭戈先生的情況本來可能更糟，我可以乾脆告訴他妻子，我們已經盡力了，她說不定還會感謝我。

杜蘭戈十幾年前換過肝，移植的肝臟衰竭了，現在他需要一副新的肝臟。我開始手術後，發現他腹腔裡所有東西都沾黏著疤痕組織，每一毫米的進程，都是苦難。我用盡當時所有手段，就是無法清開這些動脈、血管和圈繞的腸子。我停下來修補被我切開、燒灼、剝開或撕裂的東西。我知道若不趕緊處理，就永遠趕不上了。經過近五小時的手術後，我接到電話說，捐贈小組再半小時就要著陸了。

時間所剩不多，我必須在一個小時內準備把新肝臟縫進去，否則肝臟便會開始壞死。我必須試試別的辦法。

我用指尖慢慢繞過肝臟上方，腔靜脈穿過橫隔膜，進入心臟的地方。我繼續往前鑽推，接著我聽到美妙的砰然聲，手指便穿到另一側了；我如釋重負，要來一把夾鉗。可是當我拔出手指後，卻聽到駭人的噴血聲，才知道自己剛才用整根手指，戳穿了人體最大的血管管壁。除非我能堵住噴血的破洞，阻止漲起的黑潮，否則杜蘭戈先生會在一分鐘內失血而亡。

我不知道別的外科醫生能否做得更好，我把洞補上，取出舊肝臟，但那時杜蘭戈已流失了大量血液。當器捐醫師帶著保冷箱衝進來時，我相當確定杜蘭戈已因長期低血壓而腦子受損了。

他們比我預期中更早把新肝臟準備好，我們在跟時間對抗，時限一到，肝臟運作的機會便微乎其微了。我想要更多的時間止血，卻只能把肝臟縫進去，並在時間耗盡之前，恢復肝臟的血流。

我發了狂工作，相信一旦新的肝臟接合後，流血自然會減緩，變得能夠處理，可惜事與願違。新肝臟縫進去的三個小時後，在歷經三小時的燒灼、縫合、填塞、等待，然後燒灼、再縫合後，我們還是趕不及。當晚的麻醉醫師荷西說，血庫已快告罄了，我叫他試著再輸些血小板，把室溫調高些。「他覺得冷。」我說，「也許太冷了，血凝固不了。」荷西看看我，翻了翻白眼，我問他可有更好的點子。

經過八、九個鐘頭目不交睫的工作後，我用紗布把所有東西盡可能塞緊，然後稍事休息。我留下一位住院醫師監控，可是等我回來時，唯一還刷過手的只剩一名醫學院學生了。他把兩根吸引器插入紗布裡，兩根吸管都發出不小的聲音。我置入牽引器，抽出溼透的紗布，然後叫學生抽吸，就在那時，我發現我們有勝算了，杜蘭戈還是有機會的。所有出血似乎源自一處，而非到處滲血，我能解決這個問題。

血液從肝臟後方噴出，令我有些憂心。我把杜蘭戈的腔靜脈縫到新肝臟時，將靜脈後壁弄破了好幾次，我從杜蘭戈的腹壁上切了一些腱組織做修補。我在最後一次檢查那邊時，似乎還好好的，但我知道很容易又會撕裂，那可就慘了，於是我小心翼翼地抬起肝臟。

腔靜脈沒事，血液從橫隔膜裡的一條血管射出來，縫一針就能搞定了。我要過縫針，叫學生把右邊肝臟片拉起來，讓我能觸到肝臟後邊。我叫他小心點，別拉得太用力。「你要是把那條該死的靜脈扯散了，咱們就得在這裡耗上一整個星期。」我說，可是他偏偏就那麼做了，就在我搞定出血處後，血液突然從撕裂的腔靜脈泉湧而出。

總之，我也搞定了，雖然縫得不是很漂亮，但我以為夠穩固了。就在我開始要接膽管時，一波黑血漫過邊緣，流到地面，我知道有個地方穿破了，我又用鉗子夾住所有東西，深吸一口氣，心想，也許該放棄了，只要把靜脈上的夾鉗取掉，放著不管，走出手術室，找到等候室裡的家屬，等著患者的母親說，呃，至少他有輪到機會，我們只要求那麼多了。

我握著夾鉗，站在那裡，閉上雙眼。這是個殘破的人體，過去三個月，他都住在醫院等待新的肝臟，他日漸消瘦，上星期由於肝臟功能漸失，而變得愛睏迷糊。我相當確定昨天的胸部X光片，已出現初期肺炎了，我知道我們在準備幫他動刀時，他的腎臟也開始衰竭了。就算我再度修復腔靜脈，肝臟可能已經壞了，即使肝臟能用，在漫長的復癒期間，患者很可能因感染或排斥或膽汁滲流或血管爆裂而致死，而且那還是我能讓他下手術台的情況，我看沒有五、六個小時，是做不完的。我張開眼睛看著荷西，他揉著眼睛，不發一言，回去看他的儀器記錄。

醫學院學生從他的站台上走下來，兩手撐住膝蓋彎下身，一副快吐的樣子。值班護士問他需不需要坐下來，但他說他只是有點頭暈。護士拿來一杯冰水和吸管；學生坐下來喝水，然後護士又端給他一杯。學生渾身汗溼，得換袍子和手套。等他回來站到我對面時，看起來已經好多了。我感覺到頭顱重重壓在我頸椎上，以及腳指間溼滑的血液。

我試著回想最後一次睡覺是何時，也許是在北館四樓，做口頭記錄時吧，有位護士叫醒我，我發現自己的口水都流到病歷上了。現在我手裡握著夾鉗，一心想著躺下來睡覺，只睡一會兒就好，睡到我醒時，能見到明亮乾淨的光線，再次從我的臥室窗口灑進來，讓我知道自己還活著，安全地，且被愛著。

我想到我在匹茲堡買下的維多利亞式舊房子，想到後來我發現自己錢不夠，很可能永遠都沒有足夠的錢去修復。那間房子注定要失敗，放手吧，任它崩入地下室。拿掉夾鉗吧。

可是我沒有放棄，我以前也遇過這種狀況，知道這是陷阱。偉大超能的史塔哲就是在這種時刻，恐怖到最高點。他會用侮辱與指責，抱怨與咆哮，跺足與踢踹，惕勵團隊保持警醒。「對生命沒興趣的人，通通給我滾！」他吼道，「快點吸，你他媽的！」於是大夥繼續搶修、拉扯肋骨與肌肉、十二指腸、結腸、吸掉血水，讓他能看清楚，做救命該做的事。在那些黑暗的時段，當其他戰場逐漸靜寂，戰士紛紛歇息，一切看似無望時，我們多數時間仍繼續奮戰，並贏得勝利，絕望的念頭也跟著時起時滅。

我要護士把住院醫師叫回來，他一定是睡著了，我說。

「你還好嗎？」我問那學生，他點點頭，眨著眼睛。

我叫他再次拿住肝臟，住院醫師回來時，我已修補好破洞，挪開夾鉗，出血已減緩成擾人的滲血了。整體而言，我們為杜蘭戈開了二十三個小時的刀，等我們開始縫合，他整個人乾巴巴的，肝臟已開始分泌膽汁了，荷西說杜蘭戈的腎臟也排尿了。

我確定自己在術後跟他的家人談過，告訴他們患者經歷很多波折，但現在情況已穩定下來，接下來兩天再做觀察，可是我全都不記得了。一個多月後，杜蘭戈出院了，我離開匹茲堡時，他仍住在那裡，也許現在仍是。

蘿貝卡的奶奶在星期天早上去世了，一週前，她中風、跌倒、手臂瘀傷，但沒有摔斷。老人家去世時，我們正在家中床上，最糟的是，我完全沒幫上忙。

我們抵達時，大部分家族成員都已經到了。瑪薇的嘴巴張著，我試圖把嘴推回去，但她的肌肉已僵硬了，所以我用手扣住她的下巴很長一段時間，其他人則講著故事，邊笑邊哭，並安排後續。我覺得自己放手後，奶奶的嘴好像稍微合了點，但還是張出一道口子。我知道稍後禮儀師會幫她推好，但接著我想起，瑪薇曾表示想火化。

21. 腦震盪

妹妹七歲時，我九歲。她在奔跑時撞到一根粗如電線桿的曬衣架，當時我們在祖父母位於丹維爾外的農場上，妹妹為了躲他們的狗史考特而跑開。

妹妹一撞便昏了，我聽見媽媽在門廊上尖叫，便回過頭去，我看到媽媽從鞦韆上跳下來。等媽媽趕到妹妹身邊，她正放聲大哭。爸爸從後面空地繞過屋子，我沒見過他跑步，爸爸衝到妹妹身邊，拍著她的頭，揉了幾下她的臂膀，然後看著我母親。

「女兒不會有事的。」他說。

接著他看看我，你是不是在追她？是不是對她扔棒球？（我是有，但那是更早之前。）

「你到底幹了什麼？」他問。

我提到狗狗史考特，爸爸站起來四下尋望，找到一根棍子，然後吹哨子叫狗。

「我還以為妹妹死了。」我說，「可是我猜她只是撞昏而已。」

我不希望史考特挨打。老爸蹲到我面前，忽然間，我好希望自己啥都沒說。

「你在說什麼？」他問，爸爸把棍子沿著柵欄丟進矮叢裡。

我告訴他，妹妹有幾秒鐘時間動都沒動，爸爸問我，她是不是有任何其他動作。

「她有沒有開始扭動，或做出抽搐的動作？像這樣？」爸爸把手臂攏到身前，彎曲著手肘，做了幾個僵硬的顫動。我的腦袋瓜一片空白。

「她有嗎？」

「不知道，」我說，「媽媽尖叫時，我好像有移開視線幾秒鐘。」

「不過你沒看到她那樣做？」他問。

我好想哭，我不知道自己應該盯住妹妹，仔細看著。

他們把妹妹放到奶奶床上，史考特跑進來躺在化妝台邊的地毯上。爸爸說不要給妹妹吃東西或喝任何飲料。妹妹睡著了，我覺得那樣不對。

「我們不是應該讓她保持清醒嗎？」我問。

爸爸哈哈笑了起來，我懷疑他是否真的懂。

那天早上稍晚，爸爸從走廊的衣櫥裡拿出一把點22來福槍，要我跟他到空地上。史考特仍在臥室，妹妹也還在睡覺。

爸爸指著小溪對面的一棵樹，「看到那根枝條了嗎？」他說，「粗枝上面那條細的？」

我點點頭。

「仔細看好了。」

他把來福槍架到堅實的柵欄木樁上，斜眼瞄著。

「好，你還在看嗎？」他問。

我點點頭。

「你有嗎？」

「有。」我說。

碰的一聲巨響，害我嚇一大跳，我看到細枝攔腰一彎，垂盪了一秒鐘，然後掉到地上。

我簡直無法相信，爸爸看著我，哈哈大笑。

「不賴吧，嗯？」他回頭看著樹，「真的很不賴。」他喃喃說。

爸爸問我要不要試試，我不確定他是什麼意思。

「不想試也沒關係。」他說。

「我試試吧。」我說。

「來，重要的先講，」他說，「你若要開槍，首先得知道怎樣才不會射死自己或別人。瞭解嗎？」

我學的第一堂課是槍枝的保險栓，爸爸教我如何拿槍，即使槍並未上膛。他為我示範開關安全栓、操作手動槍機、裝子彈、退膛。接著他一再叮嚀，絕不能把槍指向任何人或任何我不想殺的東西，不管槍有沒有上膛。我懷疑自己會殺生。

爸爸把來福槍交給我，然後給了我一顆子彈，那子彈感覺好小。

「來，把子彈裝上去。」他說。

我把子彈推進槍管，把槍機推回去，然後放下槍，確定保險栓仍鎖著，槍頭照爸爸的指示，保持向下對著小溪。爸爸點點頭，幫我把槍筒架到椿子頂端，教我如何對齊視線。

「準備好了嗎？」他問。

我點點頭。

「槍的後座力很小，沒什麼感覺，不過還是抵緊在肩上，好嗎？」

就在這時，爺爺在底下花園邊喊道：「快過來啊！」他說，聽起來像在生什麼氣。

爸爸又對我示範一次如何卸除子彈，然後將子彈收進口袋，把槍交給我，叫我放到走廊衣櫥裡。

「也許晚飯後我們會有一點時間，」他說，「趁我們上路之前。」

我把槍收起來，去看看妹妹。史考特已經跑掉了，可是妹妹依然動也不動。我看了她一會兒，確定她有呼吸。

我聽到爺爺又在外頭喊，便跑去看。他和爸爸正在小徑上來回追著雞群，爺爺拿了把屠刀，似乎怒不可抑，老爸卻看著我，對我擠眼睛。爺爺把刀子交給我，指指工作台，我接過刀，放到台子上兩把刀柄棕污的小刀旁。

一隻母雞左逃右竄，逃離爺爺，結果一頭撞在我的腳上，接著老爸一把抓住雞脖子，他咯咯笑著，但爺爺則非常嚴肅。

「我們還需要一隻。」他說著又朝著外屋去追雞群了。

老爸笑聲不歇，拔掉雞頭，把雞扔到地上。無頭雞拍著翅在院子裡四處騰跳，鮮血從頸口噴濺而出。那雞朝我奔來，爺爺不知從哪裡殺了出來，一腳把那東西釘在地上，母雞仍在扭動撲拍不停。爺爺拔掉另一隻母雞的雞頭，把雞放到地上，母雞又是一陣撲舞。爺爺看著爸爸，然後把雞頭扔到柵欄外邊底下的小溪裡。

我實在不明白，雞——怎麼會有任何東西——都已經沒有頭了，卻還能如此活蹦亂跳。我想到歷史老師拿給我們看的斷頭台圖片，以及他們如何用斷頭台斬斷法國女人的頭，頭顱又如何滾進籃子裡。不知道被斷頭的女人，會不會像雞那樣到處掙扎，或是否還能看得見。

接著我便吐在自己的牛仔褲上了，爺爺伸手撿起腳底下的母雞，拎住雞腳，開始拔雞毛。爸爸抓起另一隻雞，也跟著拔毛。羽毛漫天飄散，掉在我的髮上，黏在我牛仔褲上的嘔吐物，沾在爸爸靴子上的血斑。

等他們拔完，爺爺把手上那隻蒼白發皺的雞屍放到工作台上，用較小的刀子剖開雞腹，然後伸手進去掏出一把腸子，丟給地上一群不知何處冒出的貓兒。一隻灰斑貓撲到腸子上，接著大戰開打，貓群一陣尖聲亂叫，斑貓竄進草叢，後邊拖著長長的雞腸子。接著爺爺拉出一些棕紅色的結塊，攤到台子上，他用刀子切開其中一塊，裡面好像有些看起來髒髒的東西。爺爺把結塊由裡往外翻，剝下一層亮灰的裡層。有些顆粒狀的東西答答有聲地落在木台子上，他把紅色內臟放到其他臟片旁。爸爸走過去拿起那塊內臟，從爺爺手上取過亮灰色的東西，然後掐起幾顆粗粒，放在掌心裡拿給我看。

「這是砂囊。」他說，「看到這些跟碎玉米混在一起的細石了嗎？」

我點點頭。

「還有這層亮亮的東西？這部份是厚實的肌肉，這邊的膜則是砂囊內部，能裝細石。」

聽不懂。我覺得爸爸正在看我。

「就是雞的牙齒。」他大笑說，「有沒有聽過雞有牙齒？沒有是吧？所以雞才會把細石留在砂囊內，雞吃的穀物從食道下來，進入這個肌膜形成的胃袋裡，砂囊的肌肉非常強壯，會把穀子來回磨動，直到變成糊，再從這裡滑出去往下送。」

我去摸那些粗礫，在他掌上推著細小的碎石。

「瞭解了嗎？」他問。

我點點頭，爸爸把砂囊放回台子上，把膜丟給貓群，然後從打成一團的貓群旁走回來，搓動兩手。我看著碎石落在地上。

我的眼角餘光瞥見爺爺手舉過頭，碰地一聲快速揮下。我及時抬頭，看到一根雞爪飛進草叢裡，爺爺用屠刀把另一隻爪子也斬了。

「來，孩子。」爺爺拿出一小條毛巾，「帶這個去泉水旁邊把自己擦乾淨，準備吃晚飯了。」

我拿著毛巾，低頭望向小溪。

「快去。」他說，「咱們待會兒就開飯了。」

我跪在泉水邊，吹開水面的浮萍，拿著毛巾沾水。泉水比記憶中夏日的清泉還涼，我望著泉水下游，想像雞頭飄浮在那邊的蛛網與蝌蚪之中。

吃過飯後，我在門廊的鞦韆上找到爸媽。爸爸攬住媽媽的肩膀，兩人之前送了一盤食物到臥房給妹妹，可是那盤菜此時就放在媽媽的腿上，一口都沒動過。媽媽的眼睛紅紅的，爸爸一臉愁容。我從沒見他擔憂過，我只希望爸爸能讓妹妹好起來，他得把妹妹弄醒，可是妹妹睡得好沉。我突然非常害怕，我想問爸爸，妹妹會不會死，我要他告訴我，妹妹不會有事，就像他之前跟媽媽說的那樣。

我們回南俄亥俄州的路上，在維儂山城中心稍事停留。爸爸抱著妹妹進一間白牆板屋，屋子外的牌子上寫著「德瑞克醫師」。媽媽陪弟弟和我待在旅行車裡，我問媽媽，他們會怎麼做。媽媽說德瑞克醫生是個很棒的大夫。

「他們會知道怎麼處理。」媽媽說完搖搖頭摀住嘴，望著窗外。接著她回頭對我一笑，「德瑞克醫師就是那個讓你爸爸變成醫生的人，爸爸生病時，就是德瑞克醫師照顧他的。」

爸爸抱妹妹出來時，妹妹醒了，爸爸將她放到前座上，妹妹把頭枕到媽媽腿上。

「我餓了。」妹妹說，「我們可以停車去吃冰淇淋嗎？」

媽媽揚聲大笑，拿起一坨衛生紙擤鼻子。

爸爸和德瑞克醫生幫妹妹打了一針，打針是大事，「她會好起來的。」爸爸說。

他搭住媽媽的手臂，媽媽開始哭了起來，然後同時又笑了。我以前從沒看過她哭。

22. 骨頭的重量

媽媽又在按她的蠢鈴了，屋內所有窗戶都開著，她臥室外走廊上的屋頂大風扇轟轟旋轉，所以我知道她聽不見我們的聲音，我有完美的不在場證明，因為現在輪到我打擊了。

泰迪是個爛投手，這點大家都知道，吉米已移回了左外野，我學貝比．魯斯打球的姿勢，瞄向中央深處的楓樹。泰迪投了顆壞球，我還是不管三七二十一地揮棒了，我勉強打到球，球滾向二壘的笛比斯，由於一壘無人，我們兩人只能比快。

笛比斯很胖，我在衝往一壘的半途想著，可以趁他還未近到能刺殺我之前，直奔二壘，等他搞清楚時，我就可以奔往三壘了。我繞過一壘的氣墊，笛比斯跑得跟鴨子似地，他低著頭，壓根不曉得我老早離開一壘了。可是接著泰迪大喊**內野**，我又聽到媽媽在搖鈴了。

「那是高飛球，不是滾地球！」我大喊。我夾在二三壘之間，看來很有可能一路奔回本壘，所以泰迪這個人盡皆知的爛投手才會高喊**內野**。

「才不是。」吉米說，我發現他對笛比斯移過去，笛比斯一副想坐下來休息的樣子。

「就是。」我說，「那叫內野高飛球，白痴。」

媽又按鈴了，但我覺得她可以等，也許她只是想在可樂裡多加些冰塊。

笛比斯停止跑步，我想他打算把球投給吉米，而吉米可不胖，吉米跑得很快，我試著弄清他是要往我右邊跑往三壘，或擋住我折回二壘的路，這時鈴聲再度傳來，媽媽又在按那個該死的鈴了。泰迪站在三壘上，吉米在二壘附近接到球，這下我知道，如果他們夾殺，就算高飛球也沒用了。

「暫停！」我大聲喊著，用手比了個T。

吉米衝上來拿球觸我，「你出局了！」他說。

「我喊暫停了。」我說。

「你不能喊暫停，」他說，「沒有人在比賽途中喊暫停的。」

我提醒他們，大家約好，只要我媽媽一按鈴，我就能喊暫停。

「她有可能快死了。」我說。

「最好是啦，」泰迪說，「上次你打了那個高飛球，然後喊暫停，我可沒聽到什麼鈴聲。」

「我也沒有。」笛比斯說。

「煩不煩啊，」我說，這時媽又按鈴了，鈴聲比之前更長更響。

媽媽抽太多煙了，現在得了肺癌，這是那天爸爸帶我們去哥倫布市看她時知道的。媽媽住院了，因為他們幫她開胸，取出一個腫塊，他們說看起來像癌症，他們希望能夠全部割除乾淨，可是實在太多了。那是在我剛滿十二歲前的事，如今我已十三歲半了，所以我相當確定，他們幫她做的鈷治療有用，至少暫時如此。

爸爸說癌症又復發了，但他們不能再做放射治療了，否則她會像在日本原爆現場那些人一樣，生病死掉。我明白爸爸的意思，就像邦加納家在他們後院蓋了一座很酷的輻射避難所，以避免核災那樣。

媽媽最近大多時間都臥床，現在夏天到了，妹妹和我應該輪流照顧她，她一按鈴，去看她要什麼。我弟弟只有九歲，所以不必管事，但妹妹老是東奔西跑，如去參加四健會夏令營或藍鳥聚會，一群人在聚會上用毛巾或餐巾紙做無聊的鍋墊。

有時媽媽按鈴，只是想再喝點可樂，或在她的飲料裡加冰塊。她喜歡把可樂放一會兒，喝的時候才不會太嗆，可是冰會融化，沒有人喜歡喝溫掉的可樂。有時她上洗手間要人幫忙，可是現在他們給她盆子後，就不用常去了，但其實盆子比較糟，因為媽媽大半時候都沒對準，反弄得一團髒。有一次盆子滿了，我溢了一些在地毯上，害媽媽非常生氣。

媽媽叫我不必幫她清理，我無所謂，但我不希望她一直躺在那裡，直到爸爸返家。泰瑪來的那幾天會幫媽媽清理，她現在似乎越常來了。泰瑪是黑人女傭兼廚娘，有時她會做我最愛吃的肉餡卷餅。有一次她幫我們炸鴿子肉，她說那叫雛鳥，是我在樓梯工廠用空氣槍射下的，工廠現在已經關閉了，到處都是鴿子，隨便你射。我照爸爸教我清理雉雞的方式清理鴿子，泰瑪則用老媽炸雞肉的方式去炸。

媽媽很氣我拖了那麼久。

「你跑哪兒去了？」她說，「我一直按鈴，你瞧現在怎麼了。」

媽媽從腰部以下光著，她倚在浴室門上，低頭看著地板。我不想看，卻忍不住。媽媽的髖骨像一對翼龍的翅膀，往下斜去，在一片薄薄的黃毛中間接合。那一瞬間，我無法相信這就是我媽媽，而是某個住在媽媽的皮囊裡，生了病的生物。

「噢，天啊。」她說，「誰要來清理這些髒東西，這堆可怕的髒東西……？」

媽媽開始哭了起來，因為地毯上有一灘像雞汁的東西，而且還有更多從她雙腿間流下來，滴在浴室的地板上。浴室地板是塑膠的，跟地毯一樣，是知更鳥蛋的藍。

我不知如何是好，媽媽看起來隨時會倒下來，但我考慮的是那團穢物。我衝到走廊的廁所找毛巾，可是我不能毀掉自己的獨行俠毛巾，所以便抓了那條有白鳥的粉紅毛巾。等我趕回去，媽媽已經坐到床沿，她的腳都沾髒了，我只會傻瞪著，心想泰瑪為什麼不在，為什麼泰瑪不天天來，為什麼我得站在這裡，痛恨媽媽變成這樣，一身像塑膠帳篷似的黃皮，包著她嶙峋的瘦骨。

我試著幫她清理雙腳，但一抹她就哭叫著要我小心她的骨頭，因為太痛了。

「把毛巾打溼。」她尖聲喊說：「拿到水槽裡打溼。」

可是等我回來再試時，毛巾又太冷了。

「噢，天啊，噢，天啊，噢，天啊。」她說，「冰死了，把毛巾弄熱，別再弄痛我了。噢，天啊。」

我衝進浴室等水暖起來，我看到媽媽倒在床沿，雙腳仍放在地毯上。她閉著眼，我真希望她把枕頭放到頭底下，因為她的脖子歪成好恐怖的角度。

這時爸爸進來了。

「怎麼回事？」他問。爸爸穿著幫人開刀時的綠袍子，他從不在家裡穿，除非狀況緊急，例如我在雕我的松木車，差點把拇指尖切掉時。

「你在做什麼？」爸爸問：「怎麼會這樣？」

他把枕頭放到媽媽頭下，媽媽張開眼睛，然後開始放聲大哭，我從來沒見過她那樣。爸爸從我手裡搶過溼毛巾，擦淨她的腳，像捧玻璃般把她的腿抬到床上，然後為她蓋上床單，再把拼布被子拉到她脖子上。

「真是亂七八糟。」爸爸對著地毯和浴室地板搖頭說，「我的天。」

爸爸很生我的氣，因為我沒有在媽媽一開始按鈴時就趕到，她一定是打電話給爸爸了。

「我被迫在手術中途離開，」他說，「瞧你幹了什麼好事，這就是你不關心媽媽的結果。」

我努力裝出抱歉的樣子，但其實很高興爸爸此時能在這裡。他叫我去拿廚房水槽下的地毯清潔劑和刷子，父子倆合力把髒污清理乾淨，媽媽也睡著了。

爸爸說，我必須更加留意，「只有幾小時而已，你可以從繁忙的時程中，撥出幾個小時幫你媽媽，不是嗎？」

爸爸走後，我又回到戶外，可是大夥已經離開了。我走到院子裡，去看泰迪家的車道，他們的腳踏車並不在車道上，我知道他們跑去池子玩了。

有一次我獲准晚睡，還可以看第十頻道的丹尼．湯瑪斯秀（*Danny Thomas Show*）。那是爸爸的主意，我們並肩坐在沙發上，媽媽躺在我後方牆壁另一端的床上，不久我聽到她出聲喊人，那聲音聽起來像小貓討水喝，爸爸起身查看她要什麼。

爸媽的聲音十分隱約，我聽不清楚他們在說什麼，直到媽媽開始哭泣。「我的寶貝們怎麼辦？」她說，「我走了，誰來照顧我的寶貝們？」她不斷重複這句話，爸爸的聲音放得好柔好低，卻起不了作用。「我不想離開我的寶貝們。」她說，「誰會來照顧我的寶貝？求求祢啊，上帝，別讓我離開他們。」

23. 魯斯坦太太的藥

我在猶他受訓第三年的八月，在黃石國家公園醫院工作。指導我的是一位來自猶他州的資深外科醫師，我們幫公園的員工做小手術——疝氣、痔瘡、斷骨、割口、腫塊。我們還負責急診室，所以也要輪流值夜班。那年很多員工患了淋病，也許每年都這樣吧，我從沒多問。來自舊金山，負責急診室的急診醫師教我一個取出魚鉤的妙方，我從不知道鉤到頭皮、手指、手、臂膀、腿、臉，甚至眼皮的魚鉤，會給人帶來這麼多苦惱。

值班的人睡在醫院自助餐廳後面，某間臥室的儲藏室，我睡前會在休息室裡讀馮內果[13]，或偶爾讀一本叫《外科學》的教科書。

某天晚上吃過飯，其他人各自回房，廚房員工熄燈搭乘公園的巴士後，我坐在那邊讀冰九及布克農[14]，這時前方門鈴響了，我遇見來自皇后區的魯斯坦太太。

「我是來看醫生的，」她說，「幫我找醫生來，年輕人。」

一位扶著魯斯坦太太手臂的高大年輕女子看著我，然後抬起眉毛，我知道她一直在照顧魯斯坦太太，來看病不只一次了。我對她們解釋，我就是醫生，蕭醫師，說著伸出手。魯斯坦太太單手與我握手，另一手護住自己的心臟，手肘上掛著一大只亮片袋。

「我要真正的，」她說，「真正的醫生。」

我的手還伸在半空中。

「我無意冒犯，年輕人，」她說，「可是你應該還不到……幾歲？二十歲吧？」

我告訴她我已經快三十了，而且是正牌醫生。「我來自猶他大學，」我說，「外科部門。」

老太太看著年輕女子，水汪汪的眼睛瞪得老大。

「我們何不先坐到那邊房間，讓這位好心的醫生幫妳看一下，瑪德蓮？」她用下巴朝檢查室的方向點了點，然後輕輕倚向老婦，讓她起步。

等我們坐到檢查室，年輕女子便離開我們了，她一邊用手指比劃，表示要出去抽煙。她輕輕關上門，魯斯坦太太和我終於獨處了。

「有什麼我能幫妳的嗎？」我問。

⓭馮內果（Vonnegut，一九二二～二〇〇七），美國黑色幽默文學代表作家。

⓮冰九（Ice-nine）與布克農（Bokonon），皆來自馮內果於一九六三年發表的小說《貓的搖籃》。

「這裡是哪裡？」她說，「我知道我們是在那個有間歇泉的公園裡，可是我一整天除了樹林，還是只看到樹林。我們搭了好幾個小時的巴士，穿過樹林，然後現在我們就到這片無人之境了，這片荒林離一切都好遠。」

我試著為她講解公園地形。

「可是萬一出問題，他們會送我去哪兒？」她問。

「出問題？」

「是啊，例如我跌倒摔斷臀骨，或我的心臟出問題，我心臟很弱的。席維曼醫生有幫我開心臟藥。萬一藥在這種荒涼的地方失效了，那可怎麼辦？」

我問她是什麼藥，她打開亮晶晶的黑袋子，拉出一個裝滿藥瓶的袋子。我把藥瓶排到桌上，她一邊絮絮說著。

瑪德蓮．魯斯坦是來自皇后區的寡婦，丈夫生前曾是該區的檢察官，他從位於烏托邦公園大道與凱德里街的地下室走上來時，心臟病發而亡。

五罐藥瓶，是各種各樣的維他命或補充食品，其中一罐是溫和的利尿劑。

「我們在森丘區有個很棒的家。」她說。老太太現住皇后區醫院附近的公寓裡。「我可以隨時去見我的醫師，從我的臥室窗口，就能看見醫師的辦公室了。」她說，「非常方便，也非常安全。」

她各有一瓶利眠寧和煩寧⑮，其中一個標籤用顫抖的字跡寫著「輕微緊張」，另一個寫著「強效，緊急時服用」。

「妳會吃這些嗎？」我拿起寫著「強效」的瓶子問道。

她斜眼讀著標籤，然後揮揮手表示：「我從來不吃，因為藥效太強了，會害我昏睡好幾天，尿褲子，還把沙發弄髒，我再也不吃了。」

「那這些呢？」我舉起滿滿一瓶治心臟衰竭的地高辛心錠問。

「唉呀，不是啦，那是索爾的藥，」她說，「我帶著是預防萬一用的。」

我瞇起眼睛，力裝嚴肅。

她說：「萬一我的心臟開始不行了，說不定能用上，反正**你**又幫不了我。」

我開始明白魯斯坦太太的問題出在哪兒了，事實上，我猜自己幫得了她。沒想到本該令我駭然一天，竟會有個如此美妙的結局。那一瞬間，我不懷好意地想著，不知道老太太想不想看看我們放在地下室的五具屍體。

⑮利眠寧（Librium）和煩寧（Valium），皆為鎮定安眠藥。

霉運從當天早上第一道曙光出現前就開始了，管理緊急電話的護士用無線電把我叫醒。

「小屋裡有人倒下了，」她說，「好像是心臟問題。」

我覺得幫宿舍小屋編號的那位老兄，實在太白目了。當我終於找到三十三號小屋（位於二十七號旁，十二號的對面），只覺得上帝若公平一點，應該讓那位白目男躺在三十三號的地板上，而不是被我發現的這白髮大肚紳士。他穿著紅白相間的條紋睡褲，了無生跡，仰臥在一灘屎尿裡。另一名年紀較輕的男子來回踱步，絞著手問我怎麼拖那麼久才到，我表示歉意後，放下急救箱，掏出聽診器，試著聽診，並測量他手腕和頸子的脈搏。我決定還是把程序走完，我勉強把管子從他嘴裡塞入氣管，並說服另一個傢伙去擠壓袋子，我則在老人胸口按壓。我壓了二十下，然後停下來聆聽，搖搖頭，再重來一遍。我覺得做上三回，便足以表示我們盡力了，可是那位壓袋子的朋友想繼續試，於是我們又試了一陣子，直到我終於停手觀望他擠壓，直到他也明瞭我們已經結束了。我去找急診室的醫師報告，他正在醫院餐廳吃早飯。我說，在我趕到前，患者也許已經死亡二、三十分鐘了，我一接到電話便出發了，好不容易才找到小屋，但就算一下就找到，也回天乏術。

午餐前約莫一小時，我們收到無線電呼叫，說西拇指溫泉區有車禍，車子迎頭撞上，露營車裡有六個小孩。一個孩子死了，直升機去接另外兩名，另外三個割傷及瘀傷的由救護車送過來。可是我們收到兩具屍體，不是一具，三個小孩嚇壞了，但僅受了輕傷。他們派我去停屍間宣告兩名死亡案例，停屍間位於地下室，溫度從來不超過攝氏八度。我在水泥地上找到三具屍體，拉開的第一個屍袋是三十三號小屋的老人。

當天下午三點之後下起了大雷雨，我走到湖邊，看風雨狂掃而來，先是打亂湖面，接著掀起高如酒吧高腳凳的白浪。驟雨不終朝，我在野餐的棚子裡等風雨停歇。回到醫院後，我聽說又送來了兩具屍體。划獨木舟的童子軍在離岸遠處翻船了，湖水刺寒如融冰，我也得宣佈他們死亡。他們透溼的身上還穿著童軍制服，其中一個生著紅色的捲髮和雀斑，他額上的皮膚如此緊實蒼白。我拉上他的屍袋拉鍊，站在那裡望著五個袋子，不知自己何以如此麻木，毫不著慌。這些悲劇跟我一點關係都沒有，因為我完全無法做任何事。

＊　＊　＊

等我在黃石公園小小的診間裡，坐在焦慮不堪的瑪德蓮·魯斯坦的對面時，我已經慣性往最壞的地方想了。我的神經質，加上在愛煩心的家族裡長大，使我成為一名更好的醫生。擔心最壞的情況，對我的患者或許是好的。而我成為移植外科醫生後，也證實如此，因為若不預先設想最壞的可能，到時將無法及時因應。

索爾・魯斯坦的孀妻找到我時，我還沒進入那種狀態，但我已經夠老練了，就算沒做各種檢驗，也知道她的問題是什麼。

我聆聽魯斯坦太太的心肺，觸壓她的腹部、脖子與臂上的脈搏，然後站起來伸出手。

「要不要跟我去散個步？」我說，我想帶她看看醫院，覺得她若看到，我們除了核彈攻擊之外，對任何緊急狀況都有萬全準備，應該就願意跟著那位在卸貨台上抽煙的好心女生，回她的旅館房間安睡一夜，不會再多想什麼心臟病，或在三千公里之遙的皇后區醫院的醫生了。

我打開燈，兩間手術室都乾淨無比，閃著潔光。「我們這裡什麼都能處理，也許只有心臟移植做不來！」我說著哈哈笑了起來，可是抓著我臂膀的老太太顫了一下。我帶她走向玻璃櫃，給她看一些備用的器具。「當然了，我們常用的工具已經都消毒好，包在那邊的綠包包裡了。」我說，「準備給早上的病患用。」

實驗室同樣令人印象深刻，有現代的驗血機和離心器。我打開冰箱，讓她看一袋袋的鮮血。「奈德可以在二十分鐘內搞定血型與交叉配對試驗，而且我們擁有每一種血型。」我說，「除了B型跟AB型外，因為我們直接用O型去輸就可以了，我覺得那兩種血型都蠻少見的。」

我感覺老太太變得越來越沉重了，於是我要她在椅子上坐一會兒。她看起來不太舒服，我量了她的呼吸和脈搏數，兩者都有點快。

「我不知道怎麼了，」她說，「我覺得好暈，沒辦法呼吸。」

我發現她換氣過度，心想不知能不能在廚房裡找到紙袋子。

我聽到魯斯坦太太的照護員在前邊外頭喊她，便喊了回去，她跑過來，看了瑪德蓮一眼，問我要老太太的袋子。她從「輕微緊張」的瓶子拿出一小顆粉紅色藥丸，掰成兩半。

「可以給我們一點水嗎？」她問，我發現她是在跟我說話，便跑去廚房拿了一杯水。魯斯坦太太接過半顆藥丸和水服下，幾分鐘後，她的呼吸便緩下來，也不再抖腳跟張合著雙手了。我看著年輕的女子，她對我微微一笑，然後吐出舌頭，把另一半藥丸放到舌上，慢慢送入自己嘴裡，用力吞下去。

24. 生命苦短

我有個執念，老認為自己得了淋巴瘤，因為我這輩子實在睡得很少。我十二歲時，爸爸要我去鬆餅早餐會當志工，幫美國癌症協會募款。我媽媽因為抽菸太凶而罹患了肺癌，爸爸告訴我，癌症協會試圖找到治療癌症的方法。他說我大概得熬夜架設桌子、做麵糰、把飲水機裝滿，為天亮前就會到來的農夫們做好準備。我徹夜工作，以為爸爸會在七點左右去醫院途中過來，可是他沒有。我坐下來休息一分鐘，結果睡著了，等他們叫醒我，爸爸已經來過又離開了。上大學時，我長時間讀書不睡覺，有時連自己是在作夢或出現幻覺都傻傻分不清。十年之後，我第一次見識到肝臟移植，竟被湯姆．史塔哲嫌太弱，沒法當移植醫師；接下來的幾年，我一再打破個人連續不睡覺的紀錄——不是論小時算，而是以日計。

睡眠不足只是在匹茲堡醫療前線的一環，我們在手術及巡房之間偷空睡覺，然後再次披掛上陣開刀。我們只有在知道自己手術完成，沒有人在找我們，或覺得自己至少有兩個小時的空檔，才會回家。

記得一九八二年春天的某個週六早晨，我在撼動窗戶的轟隆聲中被吵醒，我拉開窗簾，看到一顆熱氣球飄在我臥室窗口上方不到三十公尺的地方。氣球近似粉紅色，籃子裡的男人蓄鬍，看起來有些愁容。他站在那兒，手拉著操縱桿，望向西邊的山丘，頭上是呼呼作響的火焰，一名金髮男孩從籃子邊緣窺探，並指著我。當時是十點鐘，我已經睡十二個小時了。

我覺得棒透了，甚至相當欣快。我在三天之中，做了三例肝臟移植和三、四個腎移植，還救了哈定先生，中間只偶爾偷空盹一下。

我把其中一副肝臟移到一名從由提卡（Utica）來的孩子身上，他第一次肝移植沒成功，我相當確定，孩子若沒有第二次機會，只怕活不久了。

哈定先生在走廊上跟我握手，準備帶著新肝臟回家時昏倒了，他又瘦又輕；整個人倒向我，我扶他躺到地上。我感覺不到他的脈搏，因此撕開他的襯衫，把手指鑽入他尚未癒合的切口裡，感覺裂開的動脈在出血。我用力壓緊止血，直到我們把他送入手術室，才修補好。

此時陽光燦爛，這是匹茲堡五個月的灰暗季節裡，陽光第一次露臉，而且有顆可笑的粉紅氣球在我們的小社區裡迷航了。我好想跟我的老婆大幹一場。

我的手滑下她平坦的腹部，輕柔碰觸她，並聆聽她的呼吸，以知道她何時醒來。她嘆口氣，抓住我的手腕，然後將我推開。她拉起床單，似乎想多睡一會兒。我等著，但慾念未減，我滑過去貼到她背上，讓她感受我。她的手臂是條覆著肌肉的骨頭，當我將手探到她胸部下方時，她用手肘頂住我。

「別。」她說。

「真的假的？」我說。

「我累了。」

我翻身躺回去，天空從未如此湛藍，我想到丟在地上的手術服口袋裡的傳呼機，每次機子一響，我就有些心慌。卡蘿與我那時已變成客氣的陌生人了，我只得在更衣室的淋浴間裡自慰。我忍抑不住。遇到患者瀕死回生的狀況後，性慾會來得格外張揚，像一種逃離死亡的快感，而非勝利的激悅。我是一頭野獸，每天走到斷崖邊一縱而下，撕抓著發出尖吼，最後總是氣喘噓噓從另一端爬出來，慶幸自己還活著。活著，並好好的，而且很強健。

我翻向她，將她拉向我，並親吻她的後頸。「我愛妳。」我說，「我需要妳。」

她傾身開溜，拉住我的手臂，下床走進浴室，然後將門關上。時鐘收音機發出滴滴答答的聲音，我想起中午跟羅傑、海克特和埃德瓦多吃飯的情形。我把音量開到最大，齊柏林飛船樂團的〈我所有的愛〉才唱到一半，狗狗們便跑進來亂吠了。我躺在那兒，沉浸在這美好的混亂裡，直到卡蘿出來用力關掉時鐘，然後叫狗兒去吃早飯。

「我受不了了。」我說。

卡蘿凝視我片刻，但我知道她說不出話。狗狗「黑影」對著她吠，巴柏用爪子耙她的腿，把她的皮都抓破了。卡蘿臉一皺，匆匆離房而去。

看到粉紅氣球的那個早晨，我精神盎然，感覺非常真實，也是我該得的。當時我們這批在匹茲堡醫療前線的人，經常覺得能活著就已是萬幸，或說是我那樣覺得，也許是因為與這麼多的死亡共存吧。當然了，多數患者都活下來了，但有足夠的逝者，提醒我每個清醒的一天，自己的死亡率有多麼高。記得我初次看到妹妹剛出生的兒子時，我哭了，因為自從到匹茲堡後，我見到的每個寶寶都是難看的黃疸綠，消瘦脆弱到不行，眼前的這個孩子卻如此健康活潑快樂，粉紅而完好。

我們從猶他州搬到匹茲堡的兩年前，卡蘿在一個陽光晴朗的週六早晨，叫我別再煩她了。那時我們有四個月沒行房，我每隔一夜都要隨傳隨到待命。我摔門而去，開車到急診室接艾力克的班，放他去滑雪。等我次日或第三天早上回家時，卡蘿已經不在了。等她回家後，我們兩人同意分居，但必須等我受完訓，我想是因為那樣比較容易些吧。一年後，卡蘿小產，但我們都不知道她懷孕了。我們當時都不敢多談，不久，我們便開著胡亂打包的卡車，穿過皮奧里亞⑯，去匹茲堡了。

我們搬進在匹茲堡海利特街，一棟維多利亞式的三層樓房子，我們在七月開了張支票付訂金，到了十二月，我們還在等銀行懸而未決的貸款。房子逐漸崩壞，至少一樓如此，天花板大片懸落，灰泥牆上用夾板補住的洞，狀似非洲國家公園裡的野獸。我們的廚房有瓦斯爐和自來水，勉強可用，兩人住在二、三樓。沒多久，我們發現用舊式熔爐給房子送暖，實在過於花錢，便買了攜式暖爐，然後用我們存放在地下室裡的紅色油桶，不斷給暖爐添煤油。約莫感恩節時，有個離我們家幾條街的人死在自己床上，他們說是因為煤油爐造成一氧化碳中毒所致。之後我們便跑去店裡買了一堆毛毯，也比較少燒煤油了。

粉紅色氣球朝阿勒格尼谷的方向飄走了，我帶狗兒出去散步，看它們在巷內大小便。我煮了咖啡，在廚房桌上找到一本有線電視介紹，我們不是說好了，有線電視太貴付不起嗎？

我、海克特及埃德瓦多在奎格街的 T&K 靈魂餐坊吃中飯，然後開車到醫院，因為克莉斯在值班。克莉斯在北館四樓工作，腎移植患者都安置在那邊。我到匹茲堡第一天便遇見她了，我經常待在北館四樓，知道他們的值勤表放在哪裡，我試著記住克莉斯的排班。那年冬天，我們有位來自西維吉尼亞，名叫黛文的病患。黛文十四歲，看起來像十歲，但舉止有如二十九歲。她第三次移植的腎臟衰竭了，我們幫她清理感染，讓她試著再移植一次。克莉斯放假那天，來醫院好幾次，我們一起帶黛文出去吃午飯，雖然這違反醫院的規定。最近我一直建議克莉斯，跟我一起逃去阿魯巴島。其實我對阿魯巴島一無所知，只在電視的航空公司廣告上見過，但我喜歡熱帶地區。

克莉斯在聖派翠克節時邀我到她公寓陪她喝綠牌威士忌，可是史塔哲找到一名器捐者，我當晚必須去開刀。她說她會把威士忌留下來；三天後的週六夜，我跑去她的公寓。星期天早上，我正在勸克莉斯，把吃剩披薩上的鯷魚放到蛋上時，接到傳呼。我們那個星期，每隔一晚便待在一起。

次週的星期六，我正在看有線電台的《綠野仙蹤》，卡蘿在近子夜時回家了，我告訴她我要離開了。我開車到醫院，然後待在待命室裡，第二天我就搬去跟克莉斯同居了。星期一，亨利．方達和凱薩琳．赫本得了金像獎。

我覺得自己好魯莽，好衝動，不過此事積壓已久，卡蘿和我幾年前就玩完了。她一直在忍受我的長時工作與自私，而我則忍受著無性的生活。我們的不滿既不外顯，亦非不由自主，卻是彼此互相的。我愛上克莉斯，因為她愛我。生活在醫療前線，試圖在死亡跟前搶救

---

⑯皮奧里亞（Peoria），伊利諾州大城。

每個人——不是從死亡的幽影，而是大剌剌地在燈火通明，在我們工作的房間裡搶命——我渴求愛與被愛。當時的我，一點都不覺得罪惡，反而感到輕鬆而朝氣滿滿。突然之間，死亡似乎變得不再那麼必然了。

我想到戰爭前線那種充滿逆料的戰役，與我們面臨的相比，戰爭必然更加恐怖。我對自己的性命並無疑慮，我自覺是不死之身，會死的是那些等在床上，渾身發黃，渴求我們拯救的病患。只有他們才會面臨沙場中，士兵的生死無定。

一九八四年夏天，我去明尼亞波利斯的國際會議，發表三篇由我執筆，與肝臟移植相關的報告。我到達時，已有六十個小時沒睡了，而且慶祝晚宴上喝得有點茫。我的朋友在子夜時分送我上床，免得我醜態盡出。我睡了十五個鐘頭，錯過早餐、午餐，及回家的班機。一個月後，克莉斯和我在結婚週年紀念日時，飛去南塔克特，跟我老弟、弟妹和他們兩歲大的女兒，共租一間海灘小屋。大夥一起待了四天，除了飯後的幾個小時，我幾乎都在睡覺。

我們回家一個禮拜後，我在凌晨三點醒來，我這輩子不曾如此頭痛過，我確定自己一定是動脈瘤破了。我把皮包裡，自己的器捐卡拿給老婆，要她送我到急診室。他們為我做頭部電腦斷層掃瞄，一個叫比爾的神經外科醫生說，我的腦部有點腫。他做了脊椎抽液，說我好像得病毒感染——腦炎——他說，並叫我住院。我問他們在醫院裡要怎麼處理，他說能做的不多，所以我就回家了。接下來的三個星期，我幾乎都在臥床，等頭疼停止。沒有人告訴我是感染哪種病毒，當時也沒有任何醫治病毒的藥，所以真的也只能這樣了。

我請病假的那個月，史塔哲醫師和其他人並未怠慢；他們幾乎做了雙倍數量的肝臟移植。我覺得難以置信，擔心他會使用我不能接受的受損肝臟，而且少了我的指導，誰來照顧所有患者。我打了好幾次電話給尚恩。別擔心，他說，趕快好起來就對了。

頭痛消失了，我重返工作崗位，但還是覺得不對勁。有些時日，我渾身神經都痛，我告訴尚恩，彷彿神經系統的調節旋鈕轉到了最高繃點。

史塔哲在我請假期間，更動了小組的工作狀態，我覺得之前一年我努力改善的一切全部作廢了，而且沒有人在乎。我決心證實自己已完全復原，跟以前一樣強壯。我在這個非由我協助創建的系統裡，工作得比生病前更加賣力。我覺得遭到背叛，遭到史塔哲和其他同謀的背叛。我告訴自己，他們其實無從選擇，只能配合新的狀態。我開始考慮自己是否還能有其他選擇。

25. 飛向星星的火箭

史塔哲很少跟我聊我的私生活，我有煩惱，都找尚恩去說。一九八三年春末的某個週一，史塔哲在加護病房找到我，問我要不要喝咖啡。史塔哲醫師喜歡自助餐廳咖啡機的便宜咖啡，可是他從不帶零錢。尚恩叮叮噹噹弄響口袋裡的零錢，並衝著我笑。他恨死咖啡機的咖啡了。

史塔哲和我喝著加奶加糖的咖啡，尚恩自己點了根煙，我覺得他看起來挺緊張。

「尚恩跟我說你累了。」史塔哲表示。

我看看尚恩，他轉開頭，對窗口吐了口煙。有天深夜，我跟他說我好累，希望我們可以放緩步調，也許一星期只做四例肝移植。

「其實不是那樣的；我只是——」

「我們現在正值開天闢地的偉大時期，」史塔哲說，「而你躬逢其盛，置身其中啊。」

我說我能理解，「只是——」

「你知道你是乘著火箭飛向星群的，天空是一大限制，媽的，我是指比天空更高的，叫……」

「同溫層。」尚恩說。

「什麼？」史塔哲說

「是同溫層。」

「沒錯。」史塔哲說著喝了口咖啡，「是同溫層，你的事業才正要開始，卻已經到達同溫層了。」

我不知該說什麼。

「媽的，你明白的，我還需要告訴你，這段時間有多重要嗎？」尚恩吐了一個完美的菸圈，史塔哲瞄著他，然後靠向我，壓低聲說。

「我知道你交了新女友，我知道對你來說，是何種情況。」

「我不是想偷懶，我只是——」

「但像你這種人，像我們這種人需要特別的體諒。媽的，你上一任老婆就不體諒你，你不就給她教訓，讓她知道什麼才是重要的了嘛。」

「問題比那複雜多了。」我說。

「當然是更複雜，或者看起來是，老實說，問題還不都一樣？我們是有事業的人，她們必須體諒這點。而你呢？你正駕著火箭衝往星際，你的軌道將帶你飛越任何她們能夠理解的事物之外。這點你明白吧？」

「現在有兩件事，」我說，「我不是想停止做移植，而是考慮到未來，我只是想——」

「你不想惹她生氣，把你趕出家門。我瞭解。不過我要講的也正是那點，她必須有遠見，必須跟你站在同一條戰線。只要她明白得付出什麼代價，便可以一路相伴。」

「是這樣的，」我說。尚恩把煙屁股扔到地上，用腳跟緩緩踩熄。「我上星期就做了五例肝移植，六例腎移植，天曉得還有多少移植要動刀，我要說的只是，我沒辦法配合——」

「你也知道，有時很忙，有時較輕鬆，平均起來還好吧。」

「有太多星期都太忙了。」尚恩說。

「沒錯，」我說，「就是那樣。」

「所以你想排班表嗎？」史塔哲問我。

「不是，我知道不可能，我……」

「你想設個限制，一週或一個月做幾例之類的嗎？」

「不是，那樣似乎不太實際。我想，如果我們有更多時間訓練自己的外科醫生，持續去訓練一些人，讓他們離開到別處展開移植計畫……有時我們需要訓練自己的人。」

史塔哲看看尚恩，「你覺得呢，尚恩？你有力氣嗎？」

尚恩咕噥著。

「你可以訓練更多人嗎？」

「我已訓練每個人了。」

「別這樣，尚恩，這是很嚴肅的事，柏德想知道你能不能訓練更多外科醫師，來分擔一些重擔。」

「我們大家都可以幫忙訓練，」我說，「我們已經做過了。」

「你覺得呢，尚恩？你要不要加入？」

「好。」他說。

「就這麼說定了。」史塔哲站起來，一口喝乾剩下的廉價咖啡。「現在幾點鐘，尚恩？」

我告訴他九點多了，史塔哲提醒尚恩九點鐘有場會議，然後便突然離開了，尚恩慢慢跟在他後頭。我撿起尚恩的煙屁股，丟到自己的杯子裡，污濁的咖啡濺到我的白袍上。

26. 懷俄明州的煉油工

賴瑞．海茲是懷俄明州的煉油工，我在遇到他的兩週前，他從鑽油台上跌下來，摔破了肝臟。

「就在惡徒路徑⑰上。」他老婆說。

海茲先生和我瞪著她。

「你知道嘛，就是二十號公路。」她在椅子上挪著身子，重新擺放腿上的牛皮紙信封。

「他沒繫安全繩。」

「我不是那樣才跌下來的。」海茲先生說，「得跟妳說多少遍？」

海茲太太低頭看著厚厚的信封，把髮束掖到耳後，兩手扶正眼鏡架，然後抬眼看我。

「這是從包格斯醫生那兒拿來的。」她把信封交給我，「他說裡面有你需要的東西。」

海茲太太看著我把信封放到櫃台上。

「包格斯醫生上星期把你的資料寄給我了，」我說，「我今天早上看過了。」

海茲先生依然看著他的太太，她撓著臂膀。

「你會感覺任何疼痛嗎？」

他挪動身體，倚在另一隻肘上。

「賴瑞？」他老婆用手肘推推他。

「噢，」他看著我，微微一笑，「你是指我呀。」

他說他一點都不覺得痛或噁心或沒有食慾或任何其他問題。

「壯得跟牛一樣。」他拍拍自己的肚子說。

我請他躺到檢驗台上，開始解開他的襯衫，那是飾著金屬釘釦加肩飾的西部式襯衫，我遲疑著，他哈哈大笑，抓住襯衫兩邊一扯，衣服便解開了。

他的肚子又平又軟，當他深呼吸，我幾乎感覺不到他肋骨下的肝臟。我問他痛不痛。

「一點都不會。」他說完笑了笑。他看來膚色仍十分黝黑，下巴有個小割口，其中一顆門牙嗑掉了一小片，他看起來比實際年齡五十九還年輕十歲。

他有一大疊X光片，我把片子拿到工作室，按日期整理。他分別照過三次不同的電腦斷層掃瞄，最後一次不到一週前。我取了兩張影片回到檢驗室，擺到小的看片箱上。

⓱惡徒路徑（Outlaw Trail），一八九〇年代的美國，一群火車與銀行搶匪的搶劫路線。

「你之前有沒有看過？」我問。

海茲夫妻雙雙搖頭，彼此相覷。

我先讓他們看他受傷當天拍的舊片子，我指著肝臟淡灰色的區塊說，那是正常的部分，他的肝臟中央，有一片看起來像星星的深色區塊，則是肝臟摔裂後，由裂痕形成的血塊。海茲先生起身站到我身邊，他老婆則坐在椅子上伸長了脖子。

「那樣很不好吧。」她問。

「有可能。」我說，「可是他卻好端端站在這裡。」

我指著較近期的掃瞄，星星大小約為第一張片子的三分之一。

「所以那樣是好的。」她說。

我告訴他們，到現在這種階段，如果會發生問題，應該在「幾個星期之前」早發生了。

「凱瑞醫生——他是我們家那邊的專科醫師——很擔心肝臟會出血。」海茲先生說，並看著他的妻子。

她點點頭，然後轉頭面對我。「我們住得很偏遠，所以他很可能在救護人員趕來之前就死了。」

我想他們不需再擔心了，我說最近有些重大外傷中心的文獻，都支持不治療會較安全。

「那現在怎麼辦？」海茲太太站起來，彎身拿她先生的外套，「我們就當做一切都恢復正常，然後回家了嗎？」

我建議海茲先生，以後高的地方派年輕人上去就好了。「我同意你的說法。」他表示。

護士請他們坐在等候室，她去完成一些文件。我走回工作室口述要記時，史塔哲醫師正在看海茲先生的X光片，我把從看片箱上抽走的兩張片子擺回去。

「是從懷俄明來的那位患者。」我說。

史塔哲仔細研究原片，我則回覆加護病房的傳呼。

史塔哲抓起我剛才使用的兩張片子，朝門口走。「他在哪個房間？」他問。

我遮住電話，告訴醫師我已見過海茲先生和他太太了，他們在等候室，患者的出血狀況穩定，已超過兩個月了，我說他們可以回家了。

「你瘋了嗎？」史塔哲已走到門外，朝等候室去了。

我花了幾分鐘才解決加護病房的事，等我找到史塔哲醫師，他正從檢驗室出來。海茲太太坐在裡面的椅子上哭，她先生則緊抓著扶手，直愣愣望著前方。

「我們如果不開刀，他會死。」史塔哲醫師打開隔壁檢驗室的門，「叫珍妮排下星期一開刀。」

「即使他沒有任何症狀嗎？」我問。

他在門口停住腳。

「而且血塊已縮小到原本的不到一半？」

「我操你媽的去死！醫院可不是辯論社。」他重重跺腳，投球似地揮手，我很不高興。

我走回檢查室，海茲太太已不再哭了，我進屋時，她抬起頭，搭著丈夫的手臂，海茲先生則瞪著自己的鞋子。

我表示很抱歉，我想解釋我跟史塔哲意見不同，但我知道已經不重要了。我說會有人過來安排下週一的事，並問能不能做些別的什麼，或解釋任何事情。海茲太太搖搖頭。

那是星期四的事。我們在子夜左右做了一起肝臟移植手術，到星期五中午才完成。手術進行得不順利，史塔哲醫師不斷唸我們。快幫我。別妨礙我。快吸。媽的、別讓吸引器把血管扯散了。他媽的我看不見。我操。這裡都沒人在乎生命嗎？我的天，別那樣做。不在乎生命的人全給我滾。如果你不在乎生命，現在就給我離開。快點吸，馬的。這邊，拿好，別那麼用力，媽的。快點，聽見沒？我說快點。快點工作，找死啊。我操你媽的去死。

我已經好幾天沒睡了，有時會出現幻覺，尤其當一切變安靜時。不過都只是些瞬間的小事，例如以為看到東西掠過開刀房，或有人拍我的肩膀此類的小事，我以為不會對任何人造成危險。

當晚手術期間，我一度探手下去，重新擺放洪醫師手上的牽引器，然後把羅貝堤醫師的手拿開，清出區塊，讓史塔哲醫師看清一條血管。我不該那麼做，史塔哲罵我想害死患者，難道我不曉得他是主刀醫師？我只是來幫忙，而不是來執刀的嗎？我是跟病人有仇？還是怎樣了想要他死？史塔哲拿下洪醫師手裡的牽引器，重新擺置，然後叫洪醫師再度抓好往上提，他媽的。他用持針器去敲羅貝堤的指節，叫他放開，羅貝堤連忙把手抽開。

「拜託！誰來幫我！」羅貝堤又伸手回來，把視野擴清。

我左手拿著縫線尾端，史塔哲醫師正用縫線將血管縫回病人的新肝臟上。我突然想像自己卯足力氣，用右拳給史塔哲的頭側一擊。那一刻，我超想宰了他，我要重捶他的太陽穴，讓他飛撞牆壁，倒地而亡。

這種時候，我知道自己該休息一下，調整自己的態度了。

那天下午，內人與我在雨雪中開了三小時車到俄亥俄，我父親在岩石叉湖森林裡的小屋。那邊僅有的熱源是一個小的金屬壁爐，一個只有一根好管的雙管電熱器和一條電毯。

最後一天晚餐，我們決定犒賞自己，到城裡的餐廳吃飯。回家途中，我們到冰雪皇后甜點店吃了兩份香蕉船，我說我不記得以前吃過，兩人在車裡把香蕉船幹掉。

那天晚上，我們兩個整晚待在浴室。一開始先輪流對著馬桶吐，可是食物接著也從另一頭出來了。我在小棚子裡找到一個五加侖的空油漆桶，我們吐在桶裡，馬桶則留作他用。

翌日中午，我們兩人還是病到無法上路，那是星期天，我第二天得到手術房幫忙開海茲先生的刀。我開了八公里的路去打對方付費電話給尚恩，說我病了，差點掛掉，因為我吃了香蕉船，食物中毒。我請他告訴史塔哲，我無法到場，他說他會轉告，我不疑有他。

我們在星期一下午回到匹茲堡，當晚我們走進家門，電話正在響，是手術室值班護士打來了。

「你死哪兒去了？」她說，我們是老友了。「史塔哲整天都在打電話找你。」

海茲先生的手術出了問題，他們得幫他做移植。「馬上過來。」她說。

我趕到時，史塔哲醫師已經刷完手了。我想他一定馬不停蹄，工作了一整天。

「噢，謝天謝地。」他說，「你就盡量吧，穆奇拿了一副完好的肝臟趕回來了，我趁這空檔休息一下，如果你不介意的話。」

約翰負責麻醉，我踏到手術區，呼吸器一開，一大片鮮血噴過鋪單側邊，噴溼了我的袍子。我看看約翰，他回望著，一邊把血袋接到輸血器上。我挑起一邊眉毛，他搖搖頭。

「不太妙。」他說。

「器捐小組什麼時候回來？」我問。

沒人答腔。

「好吧，他們多久之前離開的？」

有人說兩小時，也許三個小時前。

那表示如果我們想讓賴瑞・海茲下手術台，至少得讓他再活三小時，也許四個小時。我們持續工作一個小時後，出血緩下來了，我用紗布填塞腹腔，叫海克特和埃德瓦多去休息，可是史塔哲走進來了。

「情況如何？」他站到台子上傾身看著患者腹部，並要我把填塞物拿開，便於檢視。血滲得到處都是，而且沒有凝塊，但我又看不到任何可以下針縫補的血管。

「你那邊還得加強一下，」他雙手交握在背後，用下巴指說。我看不見他看到的東西。

「我們正在努力。」我說。

就在此時，有人把頭探進手術室，跟史塔哲說他有電話。史塔哲在手術房外的書桌接電話，我可以聽見他的嗓門越提越高，有事惹他生氣了。

他回到房間，再次站到台子上。

「還好嗎？」我問。

「什麼？」

「那通電話，聽起來好像很嚴重。」

「來吧，」他說，「專心工作。」

說完他就離開了，海克特跑去休息，埃德瓦多和我站著守護，希望填塞紗布的壓力能減緩出血，但接著海克特回來了，一邊破口大罵。

「我超倪馬的去使。」他模仿老闆說，「器捐被扣留了。」

「噢，天啊，」我說，「我們完了。」

「但他還是叫穆奇去取肝臟了。」海克特從手術台邊退下去，學史塔哲做出擲骰子的動作。「穆奇，你若不把肝臟帶回來，老子就把你撕了用你的肝！」他模仿說。

「屍體也許已經進太平間了。」我咬牙說。

一個小時後，穆奇從飛機上的無線電打回來，在轟隆隆的噴射引擎聲中大喊說，他已經拿到肝臟了，他覺得可能沒問題。我知道那是什麼意思，穆奇是超級樂觀的人，「可能」兩個字，表示他「嚴重懷疑」。

穆奇帶著冷凍箱跟兩名來考察的日本外科醫師一起衝進來，他叫這兩名外科醫師刷手，並要護士幫他拿袍子和手套，然後開始敲冰。

「穆奇。」我說，他停下來看我，一對大眼佈著血絲。「不用了。」埃德瓦多和我正在縫合肌肉層，麻醉醫師已經離開了，機器也推到角落關掉了。

「怎麼回事？」他問。

「沒辦法把他救回來，」我說，「大概搶救到第四或第五次，什麼辦法都沒用了。我半小時前就宣佈死亡了。」

我以為他會哭。

「對不起，」我說，「我們盡力了。」

穆奇留下來幫我們縫合，並用白塑膠布包裹屍體，然後把屍體抬到推床上。他陪我走到休息室，我拿起白袍轉身離開。

「你要去哪兒？」他問。

「去等候室，」我說，「去告訴他太太。」

27. 拯救鴨子

爸爸和我坐在門廊上，我看到有個東西，從池邊生繡的棚子後方的糖楓樹洞裡飛出來。

「我好像看到一隻鴛鴦。」我說。

「一隻什麼？」他問。

「噢，我的天啊，牠們還會飛來啊？」

「誰？」

「鴛鴦。牠們是我從蛋孵出來的，那是多久前？四、五十年有了吧？」

「我不知道。」爸爸說著從椅子上往前彎著背，不知他是否不太能呼吸。

「有幾代了？」我問，「二十五？十五代？」

「你在扯什麼？」

一九六四年春，母親去世後的第一個春天，湯普森老先生在他家後方的地上看到一個鳥巢。他把蛋拿到我們家，說好像看到有隻鴨子飛走了，但不確定是哪一種鴨。「我猜是鴛鴦吧。」他說。湯普森先生的女兒在醫院手術間工作，我猜老爸把我的鴨子慘案告訴員工後，這故事就在醫院火速傳開了。

鴨子慘案涉及二十幾隻北京白鴨和一隻叫維諾的棕紅色臘腸犬。某天下午，我在蓄水池後的林子裡弄了一個新的秘密基地，走到事發場景，剛才大夥玩得開心極了。

老爸有個護士給了他一個商業級的孵蛋器，爸爸把機器帶回家，問我想不想孵幾顆雞蛋試試。

「鴨蛋如何？」我問。我對雞有些不好的回憶。

一個星期後，某個渾身飄著尿騷和煙味的婦人，帶了兩打鴨蛋來了。她說溫度要維持在攝氏三十六度，四週之內蛋便能孵化。「每隔幾天把蛋翻一翻。」她說，「一個禮拜左右，就可以對著光檢查，然後把空的蛋扔掉了。」

十五顆蛋孵出來了，但只有十二隻鴨子活到第二天，我沒有適合擺小鴨的地方，只有一個大的柳條洗衣籃，我在裡面鋪了幾條毛巾。我用兩、三公分粗的木條和鐵絲網造了一個鴨子的跑道，把跑道設接到舊的狗舍旁——那原本是豬窩，被我們當成狗舍，直到我的獵犬裘裘被民防卡車輾斃。

小鴨有了可以保持乾暖的好房舍，還有一條繞著後院，又回到起始點的長跑道。跑道底處是開放式的，這樣小鴨就能在草地上奔跑了。我用一些帳篷的樁子和鐵絲將跑道固定住。

小鴨長得比我想像的快，等維諾逮到牠們，牠們已經都脫去黃毛，長滿白色的羽毛了。我幫最大的一隻秤重，差不多有兩公斤。我沒給小鴨取名字；爸爸說那樣會倒霉，因為我們最後只是要把牠們賣掉或吃掉而已。他說我們可能會留幾隻自己吃。

我從不懂，怎麼會沒有人看見？我走進院子，看到維諾躺在那兒啃鴨腿。我精心設計的鴨子跑道毀了，翻倒且破片四散。有些鴨子一定是試圖逃竄，我在鄰居的院子找到三隻，鴨子並未躺在一起，看起像是狗狗獵到一隻殺掉後，趁另一隻還沒逃遠前又去追。

我尖叫著對維諾衝過去，狗狗叼著鴨子跳起來狂奔。我盡全力追趕維諾，但他放掉鴨子後，我就追不上了。我在鴨子旁邊跪倒，然後開始痛哭起來。我從來沒看過這麼恐怖的屠殺，我的意思是，我見過爺爺和爸爸拔雞頭，場面雖然可怕，感覺卻不一樣。這次令我既痛又怒，我好想拿來福槍去追維諾，可是我知道不能那麼幹。

我拿來草坪上的推車，把鴨子往裡擺，其中一隻想咬我，我把它放下，想跑開，但又停住腳，四下環視，我看到另一隻鴨子側躺著來回撲著翅膀，不知道我們能不能救牠們，爸爸能不能幫我把牠們縫好，或醫治那些還活著的鴨子。

我打電話到爸爸辦公室，一時間不知如何解釋。

「我不懂，維諾咬你了嗎？」他問。

沒有，維諾咬了鴨子。

「怎麼發生的？你放牠們出去玩？還是幹了什麼蠢事？」

沒有。

我好想對電話尖叫。

我說是維諾，狗狗一定是把跑道撞倒了，鴨子才會到處亂跑。

「那就把牠們趕到狗舍裡，拿幾根樁子固定好，再用鐵絲網和鉗子固定在地上，這樣就不會再被撞倒了。」

你不懂，爸爸，牠們全死了，除了一、兩隻外，全都死了，而且那兩隻看起來也不太樂觀，你得回來看看能不能救救牠們，救那兩隻活下來的。

可惜我不是那麼說的，我希望老爸能理解我，可是我講得語焉不詳，夾纏不清。爸說他會試著早點回家，並要我把活著的鴨子帶到屋內，放到地下室。

「我回來之前，別讓牠們吃或喝任何東西。」他說。

爸爸到家時，只剩下一隻還活著，死掉的那隻本來看上去就不太好，等我晚飯前下去看牠們，牠已經不動了，所以我把鴨子帶出屋外，跟其他鴨子一起放到推車上。不知我是否該挖個坑把它們埋掉，我想爸爸會知道怎麼做。

爸爸在地下室找到我，我正在跟最後一隻鴨子說話，爸爸檢查鴨子，將羽毛撥開，尋找傷口。

「看到這些嗎？」他給我看鴨子的大腿上側，「這些是被狗狗的長牙咬傷的。」是獠牙，我說。

爸爸把鴨子翻過來，發現牠坐在一坨鴨屎上，鴨子的胸膛有道長長的撕傷，一路裂到翅膀接合處。爸爸說，翅膀大概沒事，但他擔心肺部的狀況。

「有可能傷到肺了。」爸爸彎下身，把耳朵貼近去聆聽，「不過沒聽見洩氣的聲音，那樣很好。」

爸爸取來當成急救箱用的軍隊彈藥箱，用浸滿碘酒的紗布揉擦撕裂的皮肉時，鴨子整個抓狂。爸爸對我大喊，叫我抓穩鴨子，自己則繼續擦洗，直到把所有泥土和葉子清理乾淨為止。他沒有像平時處理我的傷口那樣使用麻藥。

這樣它不會痛嗎？我問。

爸爸說縫合的痛，可能不會比傷口本身更糟。問題是，鴨子有一部分的皮不見了，所以他只能大致縫一下，然後盡量保持乾淨；也許傷口很快就會癒合了。

「鴨子是很強悍的禽類。」他說。

這點我倒不曉得。

那隻鴨子活了近一個月，我原本打算幫牠取名字，因為牠是唯一存活下來的，但我終究沒取。我每天早上及放學後，都會用肥皂跟清水幫牠清洗，然後拿毛巾擦乾。有一陣子，我以為牠是刻意只在箱子的一側拉屎，可是後來，鴨子似乎不再起身四處走動了，每次我去看牠，牠都躺在一灘棕色難聞的糞便裡，所以我就更加勤奮清洗。鴨子不太吃東西，泰瑪拿了一個大針筒給我，教我如何用攪拌器，把飼料打成像奶昔一樣的糊，然後灌入嘴裡，可是多數時間，食物從一邊灌進去，卻從另一頭溢出來。約莫一個星期後，鴨子開始發出惡臭了，我知道那是個壞兆頭。有時我覺得牠乾脆死掉比較痛快，但我會因此生自己的氣，所以就更努力照顧它。

我回家發現鴨子死掉後，跑去樓上告訴泰瑪，她說她已經知道了，我大聲罵她都不想想辦法。

妳本來應該可以做點什麼的，我說，但自己也知道這話很蠢，泰瑪不可能救它，沒有人救得了鴨子。

有四隻鴛鴦活下來了，我把它們關在狗舍裡，從不放牠們進跑道，除非我在一旁看著。我不知道牠們何時能飛，不過當牠們長出真正的羽毛後，我便開始帶牠們出去，一次一隻，讓牠們試飛。我會跪在草地上，輕輕把一隻鴛鴦拋到空中，鴛鴦拚命振翅，然後落進草叢裡，翻個倒栽蔥。就在我還以為牠們永遠飛不起來時，有一隻竟然飛起來，落在空掉的糖楓樹的矮枝上了，我簡直不敢相信。我在草地上呆坐片刻，心想鴛鴦可能會飛回我身邊，但牠並沒有。我抓出下一隻，牠也幹了同樣的事，然後四隻就全都飛到同一棵樹的枝子上了。我一直等到天黑，彷彿見到其中一隻飛過田野，然後又折回來棲在更高處，但那有可能只是一隻山鳥。

我不記得它們在頭一年的夏日滯留了多久，不過等牠們都飛離後，我以為那應該是我最後一次見到牠們了。鴛鴦有兩公兩母，我想像牠們飛到別處共棲，也許在水庫後方的溪流，或到艾里湖的島上，或密西根那邊的清澈湖泊。不過到了次年春天，我看到樹上有一隻鴛鴦，不久之後，便看到四隻來來去去了。此後牠們或牠們的子孫每年都會回來，我大學春假回家，會見到牠們；暑假為老爸跟ＴＪ工作時，會看到牠們；我從猶他或匹茲堡回來時，看到牠們；以及我們帶著孩子們來看爺爺的每一年夏天。

現在我很確定，剛才看到的是鴛鴦，也許是從水庫那邊飛回來的。

「牠們還是會回來，」我說，「怎麼可能？」

「你是在講那棵枯掉的糖楓樹嗎？」老爸說，「我一直想把那棵樹砍了，你可以幫我忙嗎？」

28.
終曲

我不知道那會是我最後一次的移植手術，一年多前，我因淋巴瘤而接受化療與放射治療，我告訴老闆，我想我已經準備好了，但我沒料到電話會來得這麼快。

那天晚上，我打電話給在佛羅里達的老爸，他說他們去披薩店，風琴的管口就從店裡的地板冒出來。

「你記得那裡吧。」他問。

我從來沒去過。

「你當然去過，去年春天你跟孩子們一起去的。」

我懶得多說。

「你忙嗎？」他問。

我告訴他，我們正在打包，他問幹嘛要打包，我又跟他說了一遍要去巴拿馬的事。

「巴拿馬？」他說，「你為什麼要去那裡？」

我深吸口氣，說我們要去聖布拉斯島（San Blas Islands）。

「他們現在改稱庫納雅拉了（Kuna Yala），」我說，「記得你跟老媽去那裡的情形嗎？」
當然記得。
「嗯，下個月就是你們去那兒之後的第五十年了。」
我從小看爸媽在家庭錄影帶裡跟庫納人⓲講話，擺姿勢照相，老媽還買了一大堆摩拉布⓳回來。
「你媽愛死摩拉布了，」老爸說，「她買好多，飛行員好擔心跑道不夠長，起飛不了。」
影片裡有一幕是他們的小飛機，機尾橫在水面上，還有兩個庫納人拉著的畫面。
「飛行員加速時，他們得找幾個男孩站在水裡把機尾拉住。」
我哈哈笑著，我好愛那個故事。
「你媽媽用那些摩拉布做了一條拼布被，你記得嗎？」
「她好像是做成餐桌擺設吧。」我說。
「也許有，不過她還做了一條拼布被。你們小孩子生病躺在沙發時，就蓋那條被子。」

⓲庫納（Kuna），巴拿馬與哥倫比亞的原住民。
⓳摩拉布（mola），庫納婦女的手工織品。

「哇，我都不記得了。」我說，「不知道那條被子跑哪兒去了。」

「還敢講，你在上面吐過。」他說。

「我有嗎？」

「反正是你們其中一個，媽媽把被子放到洗衣機裡，結果被子就絞破了，她氣炸了。」

此時我聽到待機聲，便看看上面的來電顯示，「嘿，老爸？我有另一個電話，是醫院打來的。」

「我還以為他們把你炒魷魚了。」

電話是手術室打來的，有個捐贈的肝臟就要送來了，但其他外科醫生都已經在開刀了；我能不能過去做移植？

「準備回來工作了嗎，老傢伙？」是我的夥伴之一，海克特。他已經刷好手，在做其中一例移植了，護士幫他拿著電話貼到耳上。

「當然。」我說，我突然心中一慌，「可以啊。」

我到了醫院後，竟然想不起自己的儲物櫃密碼，我到手術室櫃台找到奧斯卡。

「哇，蕭醫師，你還在這裡工作啊？」奧斯卡頭也不抬地說。

「我也搞不清楚，你清楚嗎？」

「不太清楚。」

「那你也太花瓶了吧。」

「我應該比較像是性感尤物。」

他站起來伸出手，我握住將他從櫃台後拉向我，故意把臉湊到他的臉旁。等我站回來時，他一臉笑意，我看得出他有點不好意思。

「對了，星期六晚上你怎麼會在這裡？」我問，「像你這種大咖，他們怎麼這樣踐踏你。」

「一堆檔案，這次感冒超多人生病的。」

他把寫著鎖碼的紙條交給我，「很高興你又回來了，醫生。」

「謝謝。」我說，然後轉身離去。

「加油。」奧斯卡說，我回頭看到他抬起雙掌，似乎期待我多說點什麼。

「就像腳踏車，會了就不會忘。」我說。

「沒錯。」

＊ ＊ ＊

我之前從未見過這位患者，現在她已陷入昏迷。我本可去加護病房跟她父母親談一談，告訴他們手術由我執刀。我本可以問他們有沒有任何問題，也許安慰他們一下，可是我並沒有那麼做，因為我很迷信。我想很多外科醫生都是，至少那些做肝臟移植的醫師如此。許多年前，我幫艾倫．哈奇森做肝臟移植之前，跟她和她先生談過話，告訴他們說她不會有問題，我會好好照顧她，絕不會出任何差錯，結果她死於手術中，就在一切似乎都十分順利時。由於找不到更能安慰人的理由，當時我便認定，手術前與病人見面，會觸霉頭。

這位患者從新墨西哥某家醫院轉來，那邊的醫生，沒有人認為她的病況嚴重到需要做移植。我們並不確定她肝臟衰竭的原因，有可能是某種肝炎造成的，此刻患者就躺我們的加護病房，低血壓、腎臟持續衰竭中，且陷入了昏迷。

他們用推車將她推入手術室，她睜著眼仰躺著，我幫他們把患者抬上手術台，彎身看她的眼睛，但患者並未回視。

「她有反應嗎？」我問，一邊用力按她的手。

「加護病房的人說她有收縮反應。」有人表示。

我掐她的食指指甲，她閉上眼睛，把手抽開。

「對不起。」我說。

他們在病人頭底下襯了個小墊子，並為她蓋上毯子。我走到門邊看溫度計，將溫度調高到攝氏二十九度，因為溫度冷時，血液較不易凝結。我回到自己的凳子邊。

麻醉醫師打了些藥，讓她睡著、麻痺，在她嘴裡插管，深入氣管，然後接上呼吸器。

「OK了嗎？」護士問。

麻醉醫師茱莉點點頭，護士便掀開毯子，脫去袍子，讓患者全身赤裸。我站起來，幫忙把患者的姿勢擺正。我們在她的臂膀雙腿放了泡綿墊，然後用敷料片纏住她的雙腿，使腿併攏。我們在她的大腿下邊墊枕頭，保持膝蓋微曲。

茱莉與一名住院醫師和一名呼吸技師，合力將導管打到血管與動脈裡，掛起一袋袋的藥液，並交換檢查血袋上的識別號碼。

「穿好袍子戴了手套再做。」她告訴光著一雙手，就開始清洗女患者左手腕動脈區的住院醫師。住院醫師嘆口氣，跑去找袍子。茱莉把手套套到自己的袍子袖子上，然後看著我說：「該死的住院醫師。」

「沒禮貌的野蠻人。」我說，「每一個都是。」

第二天早上，我口述自己的手術筆記，說我們照正常程序讓肝臟恢復功能，記得當時我覺得自己幹得很不錯。那天晚上我的助手是黛妮爾，她說覺得一切都順利得不得了，彷彿我從未離開過。然而，並非所有情況都能照計畫進行。

我如此描述：在鬆開肝門靜脈的夾鉗的兩、三分鐘內，患者的心臟卻停了。

「鉀有多高？」我問。

茱莉那時已在鋪單下了，我感覺她的頭頂在我的手肘上。

「對不起，」我說，發現自己的手肘一直撞到氣管的插管。我向左稍稍扭身，以便繼續按壓胸部，不致讓患者氣管裡的管子跑位。「這樣ＯＫ嗎？」

茱莉站起來，很快看了一眼血氧飽合監視器，然後再看著我。「都很好。」她說。

但我所站的手術台邊，從患者心跳停止的那一刻起，狀況便從一切都很好，直轉成太糟糕了。

「究竟是什麼原因？」我又問了一遍。

茱莉回瞪著。

「鉀量呢？」

「噢，對哦，天啊，我看看。」她抓起記事板，我剛才看到化驗員在板子上夾了一張黃紙。「呃，四點一。」

「嗯，不是鉀的問題，」我說，「可能是空氣的關係。」

黛妮爾和我按摩胸腔良久，應足以把空氣按壓出來，讓心臟自行恢復跳動了。「按多久了？」我問，我好累。

「噢，差不多四十分鐘，也許還不到。」茱莉看著夾板，然後看看自己的手錶，「正確說是三十八分鐘。」

「換你來。」我對醫學院生說。

幾分鐘後我查看血壓，比我按壓時還糟。

「你得站高一點。」我說，「幫他拿幾個台子過來。」

學生往後退開，讓人在手術台邊擺放墊高的台子時，暫先由黛妮爾接手。

「站上去，站到她胸口正上方，你的手才能直接按下去。」我說，「把心臟固定在胸骨和脊椎之間，用力壓下去。」

學生用全身重量往胸口一按，一股黑血從肝臟頂端冒了出來。

「喂！」黛妮爾說，「也許**太**用力了一點。」

我看看黛妮爾，她抓起吸引器塞入傷口裡，吸引器發出一堆雜聲，管子一路滿到架在牆上的罐子裡。

「這些他媽的血是從哪裡冒出來的？」我問。

我把頭燈對準腹腔，黑河漫過切口邊緣，流到鋪單上，表示有條血管漏了——一條滲漏嚴重的大血管。

我從護士的台子上抓起一把白棉塞墊，塞到肝臟上方，希望能壓住止血。之前尚呈粉紅色的肝臟，此刻看來像顆腫大的茄子。

我們等待著，我可以聽見學生發出哼聲，我看到黛妮爾時，她正咧嘴而笑。

「那樣很好。」我用手肘推推學生說，「按壓得很結實。」

他重重吸一口氣。

我把黛妮爾的吸引器稍稍插深些，一股鮮血又嘈嘈雜雜地流過管子了。

「好了，咱們把問題解決了。」我說。

黛妮爾接手按摩心臟，我把手探進肝臟上方的空間裡，取出塞墊，上面淌著黑紅色的血。我把裡頭的積血吸淨，然後看到了縫線；每次黛妮爾壓按胸骨，新的血便從腔靜脈的裂隙湧出來。

我要過縫針，然後看著黛妮爾，她瞄著學生，點點頭。我查看血壓監視器，「看起來還不錯。」我說。

「OK嗎？」她問。

「可以。」

黛妮爾停下來，我鑽到肝臟與橫隔膜之間的狹槽，學生的吸引器跟不上速度。

「你看得見嗎？」我問。

他抽出吸引器，伸長脖子，血液淹過了縫線。

「我也看不見了，你得把下邊吸乾淨，否則我沒辦法修補。」

黛妮爾和我默默合作，她停下來，學生把血吸掉，我縫一針，拉起縫線，然後黛妮爾再行按壓。我們大概這樣做了十幾次，有陣子學生動用兩根吸引器，黛妮爾氣喘噓噓看看我，然後對小鬼大喊：「幹得好！」我們就這樣把問題搞定了。等我們做完，學生接替黛妮爾，又過了二十分鐘，黑血再次冒出來，我只得重新修補一遍。

「血管已經太破爛了，不能再來第三次。」我說，「我們有心包填塞嗎？」我這話不特別對誰說，黛妮爾已經按壓一陣子了，我看到黑血再次堆積起來。

「幹，這條靜脈會斷掉。」我抓起電燒刀，「該打開看看了。」

醫學院生不再抽吸，只是看著我。

「心包膜，」我說，「她的心包膜裡可能有積水，因而箝制心跳。」我抓起吸引器，清掉一些黑血。「或許並沒有，但值得一試。」我把吸引器交給他，「你也看到靜脈有多容易扯裂了，對吧？」

他點點頭。

「所以我們不能再上上下下地按壓她的胸口了，得去動她的心臟。」

「像內臟按摩。」他說。

「把裡面吸乾淨行嗎？我得看清楚。」

我一邊用燒灼器往裡開路，一邊用手指往裡鑽過胸骨下方的邊緣，並算好時間，配合黛妮爾的按壓。我集中心神，不敢鑽太深，以免把心臟鑽出洞。當我的手指鑽過去時，撞到了心壁。

「幹，裡面沒有積水。」我說。

我將兩根手指探進洞裡，然後整隻手伸進去，抓住心臟。患者的心跳十分無力——連一次抽動都沒有。

「那邊有什麼動靜嗎？」

茱莉看著我，我抬抬下巴，指向心電圖螢幕。

「還是平的嗎？」我問。

「是啊，有一點心室顫動，但都持續不長。」

我開始壓捏心臟，但心臟太大了，我一手握不住，我把另一手也插進去，用兩掌按壓整顆心臟。我抬頭看時鐘，患者已經近一個小時沒有自發性心跳了。

我認為患者應該能撐過今天晚上，因為做體外按摩時，她大多時候血壓都很好。有段時間，她似乎有心跳，但泰半時間都沒有。我們為她做體外及體內心臟去顫三到四次。

「等一下。」茱莉抓住心臟監視器一側，稍稍將它轉過來，在強光下看得更清楚些。那時我已坐到凳子上，戴著手套的手放在大腿上，彎著脖子閉起眼。大衛又在按壓心臟了，我剛才查過時間，發現我們已超過九十分鐘，看不出心臟有復甦跡象了，我正打算叫停。

「有動靜了！」她說。

我站起來，站到黛妮爾對面，抓住她的臂膀，「別動。」我說。

大夥盯著監視器，長久以來的那條直線，變成連串緩緩滾動的淺波，幾秒鐘後，波度漸次拉高，且開始更為密集，像老掉牙的電視劇情，變成了正常的電子波，像引信尾端的火花般，不斷冒出來。

「哇哩咧。」茱莉說。

「有感覺到什麼嗎？」我問。

黛妮爾感覺到心跳了。

「真他媽的難以置信，」她說，「有心跳了。」她抽出手，一群人站在那裡望著完全正常的心律圖，橫掃過整個螢幕，大膽無畏地往前邁進。

「血壓？」我問。

「都很好。」她說。

那一刻，茱莉是我全世界最愛的人。

凌晨三點，我們還在手術室，病人的狀況也在進步中。她已排尿，肝臟也分泌膽汁了。我們把血止住，幫她縫合，然後送她到加護病房。

移植後的那個晚上，我覺得非寫封電郵給我在猶他的朋友德克不可。我們再過幾天就要去巴拿馬了，必須把我們的計畫定下來。德克的電子信箱得透過ＬＤＳ醫院接收，但我已學會如何避免他們退信了。我發現，當他們遇到包含「大奶」這類字的訊息，只要改成「大乃」，便會略過不管。最後我寫了一封單調乏味的流水帳，描述我在手術室最後一夜的情形。我在最後一段寫道……「儘管如此，她醒了，而且回應各種指令。老天爺說話了，歡迎她回他媽的老家。」

兩天後我們前往巴拿馬，待了近兩個星期。我們划皮艇造訪各個島嶼，當庫納人的賓客——睡他們的沙灘，吃他們的食物，唱他們的歌，聽他們的故事，尊重他們進退的分寸。

等我返家，我從未正式決定不再做肝臟移植，可是我一再拒絕，最後夥伴們已不再詢問。我告訴自己，這樣對我比較好，因為嚴重缺乏睡眠，可能使淋巴瘤復發，我已經做得夠多了，現在的年輕外科醫師沒有我，也能做得一樣好，甚至更好，至少暫時先這樣吧。當時我還不瞭解，那便是終點了。

第三部　減緩

29. 超級英雄

我並不想來，我站在奧馬哈假日旅館宏偉的大廳中，放眼是一大群戴著名牌和紅色號碼的人。那些有號碼的人，很多都被我開過刀，我曾取出他們衰壞的肝臟，置入新的。他們回到奧馬哈，在七月一個炎熱的星期六聚會，慶祝重生。這是我們第一例肝臟移植的重要週年慶，也是內布拉斯加的第一例，而我卻無法忍受待在那裡。

我已經至少十年沒參加聚會了，我決定再次參加，是為了週年紀念。克莉斯陪我參加過許多聚會，有些老患者和家屬變得好喜歡她。我知道他們會想找她，到時我就得解釋，經過了二十五年後，我們最近剛離了婚。我跟蘿貝卡離開家前，我跟她說我很害怕，更甚懼怕癌症，她叫我別那麼誇張。

我站在舞廳裡，感覺蘿貝卡看著我，她拉起我的手按了按；我深吸一口氣等著。任何時候，都會有人認出我，喊出我的名字，然後恐懼之舞便開始了。

我想你一定不記得我了，對吧？

你記得強尼吧，他是二十九號！

你不知道我的名字，對不對？

我好久沒見到你了，請留在那兒別動，我去找漢娜來，她一定會很驚喜。

我們在一九八六年第一次舉辦患者聚會，我們邀請患者與家屬、護士醫師、行政人員及社工，任何參與移植過程的人。本地電台來訪，當天十點鐘，新聞便播出黃疸寶寶換了鮮潔的新肝臟而瞬間變白的故事了。

有十年的時間，我會錯開家庭渡假的時程，從不錯過一次聚會。我不知道究竟是什麼改變了，但過了十、十二年後，我再也受不了那些聚會。那時我焦慮感極強，覺得夠了，便不再出席。

為了找藉口，我故意讓俄亥俄的家族團聚跟奧馬哈的病人聚會撞期。當初跟著我搬到奧馬哈，展開移植計畫的護士長就抱怨過，她認為我有責任出席聚會。

「我又沒辦法控制家族聚會的時間。」我說。

「最好是啦。」她說。

「何況，大家那麼關注我，讓我很害怕。」

她叫我別鬧了。

我搖搖頭。

「大家只是想看看你，」她說，「好對你表示感謝。」

「呃，可是漢娜就會一直纏著我。」

「她愛你啊，柏德。」她說，「你救了她一命，你是她的超級英雄。」

以前我總說患者的聚會是漢娜的派對，漢娜肝臟衰竭時，才兩歲大。她哥哥也遇到同樣的情形，死了。漢娜從阿肯色州來時，已陷入昏迷。她的腦子很快腫了起來，沒有新的肝臟，漢娜便死定了。

漢娜得到了新的肝臟，花很長的時間康復，但她健康返家了，過得十分快樂。漢娜三歲時第一次參加重聚會，此後每年都到，她會一直纏著我，無論我走到哪兒，她都跟著。

漢娜喜歡把她的東西送我：汽球、餅乾、馬的刺青貼紙、一片炸雞、節目單、手指畫、一匙馬鈴薯沙拉、她找到或製作的東西。有一回我去廁所，突然發現漢娜倚在尿斗邊，拿著一隻小丑做的汽球小狗要送我。

也許我救了漢娜，可是當我看她哈哈笑著，渾身都是顏料時，我也會想起海瑟。海瑟八歲時，我為她換新肝臟，兩年後，一名奧瑞崗的外科醫師在凌晨三點打電話給我，海瑟在他的手術室裡，他不確定該怎麼做。

「我們只是小型的郡立醫院，」醫生說，「不習慣處理這種手術。」

他告訴我，海瑟的腸子發黑，肝臟腫大，血壓漸失。

「聽起來挺糟糕的。」我說。

「是啊，我擔心她沒辦法撐太久了。」他說。

「也許把她的腸子取出來後，她的血壓就會上升。」

醫生說他可以試試看，「我去跟她母親談一談，看她是否願意。」

海瑟沒能活著離開手術室。

海瑟去世後一、兩天，我收到一封她寄來的信。裡面有張她坐在奧瑞崗山頂岩石上的照片，海瑟的母親帶她去健行，慶祝換肝臟第二週年。「今年我無法出席重聚會去看你了，」她寫道，「明年見囉。」

知道海瑟死於千里之外，令我稍感安慰。但我雖然跟凱莉在一起，也沒幫到她的忙。

凱莉三歲時我幫她換肝臟，一年後她媽媽打電話給我們，說凱莉喘不過氣，而且還發燒。聽起來像感冒，可是我對移植患者，會先擬定最壞打算的選項，等以後提問。我說他們應該帶她去急診室，讓她開始打抗生素，因為有可能是細菌造成的肺炎。一個星期後，凱莉在伊利諾州一家醫院裝了呼吸器，醫生們還是沒有用我認為該用的方式去治療，於是我找了位同事，一起飛到伊利諾，在加護病房裡替凱莉發話。可惜太遲了，我們跟她的醫生群開會，我一直點頭，說他們已經盡力了。那天晚上，我們回家的飛機尚未著陸，凱莉便死了。患者一旦回家，我能保護他們的地方就不多了。我無法防止肝炎或癌症復發，而病情經常會復燃。我無法攔阻他們再度飲酒，沒辦法確定他們會乖乖吃藥。病人的未來，總是充滿了各種不確定。

我在重聚會上尋找漢娜的身影，但蘿莉說她沒辦法來，因為她找到一份新工作，無法請假。我既覺得如釋重負，又感到失望。

珍．摩根到了，珍從不缺席聚會，為了慶祝週年慶，她做了一條拼布被，把每年的T恤都縫進去了。以前我對每年的T恤設計都能給意見，那時我們想出一些很棒的標語：「肝膽相照」、「肝肝淨淨」、「護肝不肝苦」，我最愛的是「愛肝不要爆肝」；花了我四年才改好。

珍抱住我，我看到她名牌上的二十一號，每個人都知道自己的號碼，珍是我們第二十一位肝移植患者。

「今年應該是妳換肝的第二十四年了吧。」我說。

「二十四年半。」她說。

她遞給我一枝馬克筆，要我在她的拼布被上簽名，她說她想讓這群創始元老全簽上名。

蘿貝卡和我留下來看照片，以前我們會叫所有患者合照，由我當攝影師。現在，有個拿著麥克風的男人把患者分組，喊出移植的年分及臟器類別。我們看到抱著寶寶的父母，拿拐杖或助行器的老人，皮帶快拖到膝蓋的小男孩，穿短褲畫大濃妝的女孩，看起來勇敢無懼的年輕男女，空巢期的父母哈哈笑看一名年輕父親，抱著尖叫不已的兩歲小孩。每個人在這場混亂裡，都被凝成了永恆。

看著這些瘋狂的照片，我心想，我讓他們失望，害珍這樣的人失望了。那些年，我怯懦地只顧慮到自己，想著這些滿口談著奇蹟，談著被救的患者，如何令我感到惶恐。

我看著珍爬到舞台上，彎身扶一名男孩走上台階，然後站在那裡，對著在人群裡吹哨子的先生揮手。

「這才是聚會的重點。」我說。

一年後，我接到漢娜的結婚喜帖，我覺得我應該出席——代表我們的移植計畫等等的。但後來便把喜帖放到一旁，忘得一乾二淨。

漢娜寄了她的婚紗照給我，她看起來健康而強壯，我心想，簡直百毒不侵。她和她丈夫為了慶祝結婚一週年，到家附近的教堂受洗。幾個月後，漢娜去世了。

我在家中跟蘿貝卡談到漢娜；她問我有何感覺。

「你一定很難過。」她說。

「沒有，」我說，「我還好。」

她啜了一口咖啡，把杯子放下來看著我。

「真的，」我說，「反正我什麼也不能做。」

那天晚上，我在葬儀社的網站上找到漢娜的訃告。她熱愛在當地騎馬場的經理工作，她擅長展示馬匹，最近才在一場全國性活動中，與她的佩爾什母馬[20]「暴風」贏得儲冠軍。根據漢娜父親的心願，漢娜下葬時穿著她最愛的阿肯色大學帽T、舊皮套褲和牛仔帽。「現在她可以輕鬆騎馬了。」她父親說。

多年過去，自從那次聚會後，我一直沒再參加重聚。最近我無法入眠，便坐在天明前的黑暗裡，翻看病人的照片夾，尋找漢娜的照片。我一直想寫她和重聚會的事，想瞭解為什麼自己要長期躲避患者，又為何要拿漢娜當藉口。我一直尋找她的照片與卡片，覺得自己遺漏了什麼，落掉了這則故事的某項要件。

有時我會突然想起漢娜，我在電視攝影機前接受採訪，談論我們美好的移植計畫時，漢娜不知從何處冒出來，扯著我的手，舉起一幅像抹了芥茉醬的餐巾紙手指畫。我沒理她，我沒做出任何不悅的舉動，只是沒有背對記者，轉身接受她的禮物，或抱起她，告訴她這對我有多重要。

---

⑳ 佩爾什馬（Percheron），法國北部產的灰色重型挽馬。

30. 二〇一四年二月二十五日 加州，史汀森海灘

我努力撐著，不想再吃藥，這不是第一次了。今早我微微顫顫地醒來，心頭十分焦慮，就像要出大事似的。昨晚我沉睡了整整八個小時，也許更久，沒有夢，沒有惡夢。所以我他媽的為何會覺得這麼無所適從，覺得自己不可能撐過這一天？為什麼我一想到咖啡，就害怕得要命？我愛咖啡啊，我睡時還想著早上那第一杯咖啡有多麼香醇可口，我幾乎都能聞到咖啡香了。可現在到了早晨，想到要喝東西，我便充滿恐懼。我害怕出事，我告訴自己，我知道那會是什麼，而那種事經常發生，但我只須保持冷靜，煮一壺咖啡，喝一杯，也許兩杯，恐懼感就會消失了。有時恐懼會消失，若是不行，我就吞一顆贊安諾錠[21]。

今早的《時報》有一篇二〇〇九年船隻被劫的報導，就是後來改編成湯姆．漢克斯主演電影的故事。他們好像在船裡找到兩名海豹部隊，或前海豹部隊的屍體，我猜應該是魁梧而渾身筋肉，大量健身的那種人。他們發現其中一名仰躺在地板上，眼睛仍盯著天花板，報導上說，他的左手裡有針筒，不知他是否是右撇子。他們在船艙找到棕色的海洛因，這些警衛

在賽席爾[22]的海岸邊，開了一整夜的趴；有人說他們清晨六點才回到他們的船上。其中一人的前妻、一群朋友和鄰人都說，他們是很好的人，不可能會吸毒。我知道賽席爾群島在印度洋某個地方，我上網搜尋，並將港口區放大，想像他們死時，船隻停在何處。

我無法想像自己在賽席爾徹夜開趴——或在任何地方。我從電腦上別開眼神，看海浪漸漸逼近我們在加州史汀森海灘租來的這棟小屋，想起中午有朋友過來吃飯，我提心吊膽，走下海灘到餐廳，那是我們在此地最愛去的地方，我實在搞不懂自己為什麼那麼怕。我心裡有個疙瘩在作梗，我好希望能叫它停止。

---

[21] 贊安諾錠（Xanax），抗焦慮藥。

[22] 賽席爾（Seychelles），位於非洲大陸東南方，印度洋中西部的群島國家。大英國協成員國之一。

31. 肉毒桿菌中毒

讀醫學院的第一年，有天晚上我肉毒桿菌中毒病倒了，這不是我第一次重病。

我在醫學院的第一個月，以為自己得了直腸癌。一開始先是肛門隱隱作痛，感覺那邊長了一顆比高爾夫球大，但比葡萄袖小，像李子的東西。

疼痛每到早上就會消失，我會看著鏡子說，謝天謝地不再痛了。我老是睡過頭，所以我會邊刮鬍子邊喝咖啡，問題是嘴邊的刮鬍膏很礙事，我想過用吸管，可我老是忘記從餐廳偷拿一些回來。

我們每天從八點到中午都坐在演講廳，到了十點鐘，我已灌完第三杯咖啡，然後就打起盹了。我們每兩個小時休息一次，我想我多數時間也都在睡覺。到了午餐時間，我的屁股就開始痛了，我知道遲早會聽到壞消息——是癌症——他們會說，你需要開刀。

我跟TJ工作過幾個暑假，知道那是什麼情況。第一次我幫他做**那種**手術時，我還不懂為什麼要把男患者的腳擺到腳架上，像幫女人取子宮那樣。TJ先從肚子裡開始，把大腸盡可能壓到底處，然後繞到床腳，坐到旋轉式的凳子上，遁失在患者的兩腿之間。他在切割患者的肛門時，叫我拉住一些金屬牽引器，我的位置稍稍偏側，靠在患者的腿上，有一長段時間不太能看到什麼，但後來TJ叫我伸手到患者肚子裡。

「下去那邊抓住直腸。」他說。

腹部裡一片漆黑，TJ把燈光移過去照明他那邊的手術，我抬手想移燈。

「別管燈了。」他說，「你不需要看，只要抓住拉出來就行了。」

我在肚子裡東摸西探，手堵到一個金屬夾鉗，便抓住鉗子拉出來。這令我想到老爸帶我海釣時，我抓到一隻大水母的情形。

當我回頭俯望原本直腸所在的地方，竟看到了地板，TJ醫生的頭突然闖入我的視線，他抬頭看著我揮揮手。

以前我會做惡夢，夢裡的我醒著，人家正在切除我的直腸。有時夢在我從那個洞口摔出去時就結束了。

最後，我還是去了學生保健室，跟某個長得頗像伊萊，沃勒克[23]的傢伙說，我的直腸會痛。我本想告訴他是癌症，但又不想左右他的看法。他說得做乙狀結腸鏡檢查，我也看過

---

[23] 伊萊，沃勒克（Eli Wallach，一九一五～二〇一四），美國演員。

別人做那種檢查，得用一條亮閃閃，粗如掃把柄的鋼管去做，我覺得自己把屁股裡的那顆李子想得太嚴重了，等他檢查完，告訴我什麼都沒看見時，我並未鬆口氣；反覺得非常羞愧，自己竟會害怕成那樣。

肉毒桿菌中毒的事就不太一樣了，我並沒有太多時間去擔心造口手術的問題，因為肉毒桿菌奪命較快。

醫學院的第一年，我跟一條叫「黑影」的黑狗，住在克里夫蘭小義大利區一間被煤煙燻灰的公寓裡，房東是一對守寡的雙胞胎姊妹。每個月的最後一個星期五，她們會邀我上樓，請我喝暖熱的茴香酒和義式脆餅，然後跟我要支票。好幾個月來，她們是我在校外唯一接觸的人類。

「你現在就付錢給我們。」站著的那位說，她們都穿了黑禮服，我從來分不清誰是誰。

我在附近商店買日常用品，最便宜的是半公斤二十一或二十二分錢的胡瓜魚，以及十八分的雞背肉。

有天晚上，所有商店都打烊了我才回到家，當時十一月，夜黑風緊，我還沒有車，我只剩櫃子裡的一盒穀片早餐和冰箱裡的兩瓶啤酒，啤酒放在一盤吃剩的雞背肉後面，我都不記得雞肉擺在那裡多久了。

雞肉吃起來怪怪的，但我不太在意。等雞肉全吃完後，我坐著看電視，黑影在床上舔著自己，但我累到沒力氣罵狗，接著我的肚子便開始發出一堆怪聲了。

當天有一場演講正是談細菌毒素的藥理學，談能讓人得重病，或像破傷風那樣，把你慢慢折磨至死的恐怖物質，就像我們小學三年級，踩到鏽鐵釘的米奇．海帝。或者像肉毒桿菌，記得演說中提到，吃壞掉的食物會得肉毒桿菌。

我試著專心看電視，鷹眼．皮爾斯應該正在跟熱唇．胡力安[24]說笑，可是我的臉有一部分麻掉了，我心想，肉毒桿菌有那種作用，他們提過，麻痺會從眼睛和臉部肌肉開始。

我望向臥室，發現黑影長了兩條尾巴。我站到浴室，看自己的臉是不是垮了。有一隻眼睛看起來比另一隻眼張得更開，但我看來一向如此，只是這回似乎比平時嚴重。我咧嘴一笑，看兩邊是否齊動，接著注意到我的左邊眉毛抽了一下，「這些有可能就是肉毒桿菌中毒的跡象。」我對著自己半融的臉說。我想到接下來會發生的事：呼吸困難、步履踉蹌、通身無力。如果不及時找到救援，我便會停止呼吸，活活窒息而亡。

[24] 皆為電視影集《外科醫生》裡的角色。

我帶黑影去散步，落葉沿著路邊的排水溝蓋，被吹成一小落一小落的，我記得當時真希望自己戴了帽子。

寒冷令我手臉發麻無力，雖然我說服自己太愛亂想，但回到溫暖的公寓十分鐘後，遲遲不見恢復知覺，我知道自己得想點辦法了。

急診室接電話的護士告訴我說，他們非常忙碌。

「你若不是搭救護車來的，就得等很久，你不妨等我們這一陣忙完後再來。」

比如說半個小時之後嗎？我問。

「比如說早上再來，親愛的。」

情況越來越糟了，不久我的手已開始抽筋，呼吸也愈發困難。我開始頭昏，以為自己會昏過去。

黑影站起來跑進臥室，我聽到牠在床上兜圈子，最後停下來發出一聲低吼。我關掉電視，坐著盯住自己的書架，然後看到我那本戴維斯的《微生物學》。

我打開書，封面發出唰的一聲；因為乾淨清脆的書頁都黏到一塊兒了。我讀著「肉毒桿菌」那一章，我的呼吸開始變緩，臉部手指的麻癢也逐漸消退了，隨著新的發現，我的心情越來越好。教科書裡的科學事實明確指出，我為什麼不可能是肉毒桿菌中毒。

也許他們在課堂上全都講過了，我心想。
於是我就痊癒了，至少這次不必讓伊萊，沃勒克把金屬管子塞到我屁股裡。

32. 二〇〇二年六月一日 猶他州，托里市

為什麼我以前從來沒感覺到？那東西很大，體積雖不及一顆高爾夫，但也很接近了，而且還很硬。恐懼襲上心頭，我喉頭一哽，用頭頂著淋浴間的瓷磚牆。

我任溫暖的水從我背部流下，在雙腿中滴淌，看著水旋入排水孔裡。我一定搞錯了，這東西會消失的，這顆又大又硬，在我腹股溝裡的東西。

我十四歲的兒子喬伊陪我查看旅館，然後開了一小時車，往東穿越圓頂礁國家公園到漢克斯維爾，然後遵循他們給的指示，往南開過泥土路，到達婚禮現場。新郎的父親是癌症外科醫師，也是我的摯友之一，但我沒跟他提到腫塊的事。婚禮過後，喬伊和我往南開進皺摺地形，露營兩天並健走。我有兩次反對走指南書上，被列為可能有點難走的路線。以前我不會這般小心翼翼，我竟還跟喬伊道歉。

「我不知道為什麼，但我覺得我們不該走那條路上去。」我說，於是我們待在底下，錯失了必然相當壯麗的風景。入夜後，我忍不住一直摸腫塊，測試大小，有時我以為摸到一部

分腫塊像手指般沿血管鑽入大腿內側較深的組織裡，可是再仔細一摸，又覺得自己錯了，那只是一顆圓圓的腫塊而已，而且真的並沒有那麼大。我好想睡著，聽喬伊沉沉的呼吸。我想擁有他的冷靜、寧靜、他的樂觀，想要未來。

我們帶了自己的水，而且還相當充足，可是到了第三天一早，我就說咱最好回車裡。回家的路穿過紅岩峽谷和絕美的風景，我很想停車拍照，卻沒有那麼做。我急著回去，我們只停了一次車，我拍了一張喬伊坐在漩渦形條狀砂岩邊的照片，那砂岩看起來像被時間敲開的巨大海螺殼。

33. 二〇〇五年三月 最壞的打算

我向來神經質，也許因此總是做最壞的打算。假若你是醫師，只要你能區分不合理的可能性，與藉由知識、經驗與常識篩選出來的可能性，那可能會是好習慣。

我覺得有點神經質，老是擔心最壞的狀況，使我成為較好的醫生。如果你肚子痛，很可能是因為吃壞東西，也許是便秘，你知道自己纖維吃得不夠，對吧？或可能是感冒。如果你來找我，我會想確定你沒有盲腸炎、憩室炎、膽囊結石、腎臟發炎或肺炎，那些也是疼痛的常因。不過我最壞的打算，還會擔心你患了某種癌症、中了毒，或腸絞痛。那些並不那麼常見，但也不算罕見。在我們取得更多資訊，做驗血，照X光之前，你不會希望醫師排除那些可能，但你也不希望醫師想太多，覺得你就是美國下一位境外病毒的感染者，先是腹痛，接著高燒、出疹、腹瀉，然後七孔流血，肺部衰竭，心跳停止，而身邊每個試圖救你的人，現在都受到感染，也會難逃一死。

很瘋狂嗎？我不這麼想。沒有什麼不可能，我只要把這分瘋狂留在心底，直到那些不那麼瘋狂的可能，在試盡一切都無效，並漸漸被排除之後。

接下來呢？接下來你可能需要有個總是做最壞打算的人，例如我。

我第一次感覺到腋窩長了新腫塊，並沒有多加理會。那並不容易，但我辦到了，忽略那強大的警告聲——告訴我，我的癌症要回來奪我性命，帶我走向化療之路、骨髓移植、一連串無可控制的感染，最後喉頭插管，只能靠嘶嘶作響的呼吸器。

就像艾蜜莉．狄金森[25]詩裡的蒼蠅一樣。我聽到呼吸器的嘶響——當我死時——

於是我拖延著不去理會腫塊，直到那晚搭飛機到猶他，去演講並接受頒獎，因為我在自己的行業裡幹得還算出色。在飛往鹽湖城的飛機上，我大約每十分鐘便伸手探向我的腋下，腫塊不是很大，我告訴自己，而且挺軟，可以四處推滾，看起來並不像癌症。若真的是癌，應該會很硬，而且像長了倒鉤的毛刺一樣無法移動。

我想到二〇〇二，三年前那個跟喬伊一起露營的夜晚，當時我抑制住狂如野獸的診斷思緒，當我仰躺著望向營地天空的滿天星斗，極力抑制，不去搓揉身上的腫塊。

我在鹽湖城下機時，手上的證據比二〇〇二年時更加缺乏，我無法證實出了大事。我拿

[25] 艾蜜莉，狄金森（Emily Dickinson，一八三〇～一八八六），美國詩人。

回滑雪板，租妥一部綠色速霸陸，時間已過子夜，天降大雪，我卻滿心恐懼，確信這將是我最後一次旅行了。

我走南600號出口下I－80公路，朝東穿越全是爛泥的城中心。街道空空盪盪，但越過州街三個路口後，我被迫急踩剎車，等一名穿深藍色帽T的男子踉蹌行過。在東700街時，我遇到左轉燈，可是有個開福特野馬的傢伙闖了紅燈，看到我已經開出十字路口，對方將車一扭，撞在泰利廣場對面的路邊。我從照後鏡看見他倒車，然後從我來的方向逃走。我在南寺路停下車子，時間十二點多，雪落成塊，有若烘衣機裡的棉絮。我必須停車等一個穿樂福鞋、羊毛大衣、戴毛耳罩，帶獵犬出來散步的人。我看不見狗兒的腿，感覺它似乎是飄過去的。

我相信這些都不是巧合，這些小小的事件全都是兆頭。我的癌症又復發了，我將不久人世，但死前一定會飽受折磨。我來到朋友家，從車庫溜進去，在客床上合衣睡倒，我數著呼吸、心跳，想著過去種種與即將逝去的一切。

我參加頒獎晚宴，受獎並微笑，裝出高興的模樣。第二天，我與一群老友滑雪，我在山上快速飛掠及膝的白雪，發現自己從不曾滑得如此順暢、輕靈、無往不利。我也把這當成一種兆頭，那晚我打電話回家，告訴克莉斯我想回家了。她和我們的女兒娜塔莉原本要飛過來陪我，共度那週剩下的時間，但我覺得自己承受不了。

「我好害怕。」我解釋自己長了腫塊。

她說反正她們也來不了，因為娜塔莉發燒，得了流行性感冒。

我掛斷電話，打給我的腫瘤醫生。他人在上海，但兩天後去里昂途中會經過奧馬哈，可以幫我看診。幾天後切片檢查出來了，他從里昂打電話通知我沒事。

「只是脂肪浸潤，」他說，「有時會遇到這種情況。」

我掛斷電話，等著看接下來會發生什麼。

我覺得我應該哭，應該喜極而泣，可是我為什麼哭不出來？為什麼感覺不到任何情緒？

這時娜塔莉走進來把血塊拿給我看，然後我便忘記自己與死亡擦身而過的事了。我無法戰勝某種不曾存在的事物，但此時我的女兒咳出了一個實實在在的東西——一塊不到指甲片大的血塊。

34. 香菸炮

我母親罹癌之前，爸爸就已經是反菸狂了。他到各教會及學校演講，他曾帶一部影片到我的學校，播出一些抽菸機器如何搜集菸氣，並得出棕色的黏稠物。電影裡有個傢伙從籠子裡抓出一隻老鼠，用滴眼藥水的瓶子餵老鼠這些黏糊，老鼠吃了瘋狂扭動，然後就死了，那傢伙便把老鼠扔進玻璃燒杯裡。另一部影片是幾位穿著白袍的實驗室醫生，把黏糊塗到老鼠背上，不久之後，老鼠背上全長滿了噁心的疣塊，爸爸說那是癌症，老鼠不久都會死掉。

在家裡，爸爸總是抱怨老媽抽菸，他說媽媽一天抽超過兩包，有時還抽到三包，如果她不戒菸，就會死掉。我媽沒看過任何宣導片，她去參加鬆餅早餐會，並不是為了護肺協會而去，即便是她已罹患癌症，而我徹夜幫忙準備早餐會的那一年，也不例外。凱妮爾奶奶抽了一輩子菸，但她已是個老太太了。老媽的姊姊法蘭阿姨也抽一輩子菸，而且還比媽媽大十六歲，人家也沒得癌症。「可是妳老爸呢？」媽媽為抽菸辯駁時，爸爸便問。他抽了一輩子菸，結果在爸媽婚禮前，死於癌症了。

史塔普頓先生在鄰近的北街開了家雜貨店，我們小孩子拿割草、耙草、跑腿打雜賺來的錢，到店裡買飲料糖果。我在看過那些反菸影片和死老鼠之後，也拿錢去買香菸炮。

香菸炮是一種包在薄紙裡，像米粒大的火藥；史塔普頓先生把菸炮放在紅白相間的鐵罐子裡賣，十包兩毛五。

我覺得，若能在每包香菸中，塞些炮粒到幾根菸裡，老媽絕不會知道哪一根會爆或何時會爆，這樣她就會因為害怕而戒菸了。我總是能找得到菸盒，然後做五、六根菸炮。我用牙籤把炮粒塞進菸頭的煙草裡，這樣媽媽就無法確定哪一根會爆了。

那年二月，我得到的生日禮物是一個三角小帳篷。有時週六，爸爸和我會在客廳架起帳篷，我的朋友吉米和泰迪就會跑來，大家一起睡在裡頭。夏天時，帳篷幾乎都架在廚房窗口對面，車道過去的院子裡，我們把媽媽的菸裝上炮粒後，就會溜到帳篷裡。盡管帳篷十分悶熱，我們還是待在裡頭玩釣魚，或拿一副爛撲克牌邊玩邊等，當我們聽到碰的一聲，便衝過車庫大聲高笑。媽媽氣壞了，有一次香菸炮在她穿去醫院工作的灰洋裝上燒出一個小洞，另一回她說炮火燒到她的眼睛，我說也許她該戒煙了，但媽媽總也沒戒。

35. 一九六三年七月 形單影隻

但願我能記得那年七月四日的煙火。媽媽在八天後去世了，她在死前住了幾天的醫院，所以我想她在那個星期並沒有看到煙火，或任何其他的東西。俄亥俄州華盛頓市的煙火其實並不精彩，不過能看到還是不錯。我真希望自己能清晰憶起母親在艾曼公園，坐在躺椅上，拍著蚊子，等待最後一刻，美國國旗點亮，大夥全體起立高唱〈美哉美國〉的模樣。

他們要帶走媽媽的那天午餐後，我跑去市區游泳池，我跟佩蒂和她的朋友坐在一起，我設法過去躺到她身邊，用手攬住佩蒂的腰。那時我已勃起到不行了，佩蒂翻過身，跟我說該去清涼一下，然後逕自往水裡走，我卻無法翻身，因為還不能翻。當時我們穿的是超緊的泳褲，我知道所有人都會看到我的小弟弟，那將成為整個夏天，也許是這一整年最糗的事。

佩蒂站在深水池邊，回頭看我怎沒動靜。「來呀！」她喊道，揮手要我過去。

「等一下！」我回道，身體依舊趴著，情況毫無改善。我翻身拿毛巾遮住自己，然後坐起來用毛巾蓋住大腿。佩蒂看起來很生氣，我不想惹她不快，我得做點什麼，於是我想到媽媽踩在新地毯上那坨穢物的情形，那片知更鳥蛋藍的地毯。

回家時，門前停了一輛救護車，兩個穿全白制服的傢伙抬著擔架床站在門廊上等待。

爸爸來到門口將門扶住，他們便帶著擔架床入內了，我知道他們是來接媽媽的。爸爸走出來跟司機揮手，沒來看我，我不確定爸爸是否知道我在那裡。救護車倒車越過路邊駛進院子裡，割斷的草莖都插到輪子裡了，不知老爸是否注意到，我還沒把斷草耙掉。

他們把媽媽抬出來時，她雖閉著眼睛，但並沒有睡著。她的藍色絨毛毯拉緊到下巴，似乎很冷。穿白衣的傢伙在門廊停下來，彼此相視，然後其中一人說了幾句話。他們試著把擔架床抬起來搬下階梯，可是其中一個輪子卡在水泥地上了。我以為他們就要把床弄翻了，可是老爸大喊一聲，及時抓住旁邊。媽媽想坐起來，她從毯子底下伸出手，抓住爸爸的手腕。

眾人費了一番功夫，才把輪子推過草梗，等到了救護車旁，便把擔架床低放到地上，然後架起來，滑送到救護車後頭。斷草如雨，紛紛從擔架床底處掉落，吹到他們白色的褲鞋上。我看到媽媽因推車的急拉與停頓而皺起眉頭，接著她把毯子拉到嘴上。她的唇色發藍，比毯子的顏色還深。他們關閉車門前，我看到媽媽的禿髮上泛著黃光。爸爸跑去開自己的車，救護車搖搖晃晃駛過路邊，我的媽媽就那麼形單影隻地一個人待在車子後頭了。

36. 哈定先生

哈定先生已穿好衣服準備回家了，他跟所有護士擁抱過，他咧嘴笑著，燦然無比，我沒想過會有這一天。哈定到我們這裡時，看起來病得好重，花了好久的時間復原。他在移植時失去好多血，多到超乎想像，但現在他要回家了。

呃，不是回「家」的那個家，他會先在城裡住幾個星期，以便讓我們檢查，萬一有什麼問題，可以就近處理。

他看到我跟我的團隊，便喊我名字，我們正在進行早晨的巡房，所有人都轉過頭，看他沿走廊向我們走來。他突然停下來，伸出兩臂，低頭看著地板，然後忽然一倒，彷彿有人剪斷了吊住他的隱形絲線。

我讓他平躺在地上，看見他吐了血，豔紅新鮮的血——而非滲出一陣子後的棕色舊血。有個地方崩斷了，我覺得他的肚子看起來繃得很緊，我測不到他的頸脈搏。

住院醫師開始按壓哈定的胸腔，有人表示要去拿氧氣和氣囊。我把手指探進皮上的傷口裡，傷口尚未完全癒合，加上我們必須給他抗排斥的類固醇，所以我用手指上下撥弄，便輕易將傷口打開了。我把縫合肌肉的藍色塑膠縫線切斷，他的肚子裂開來，冒出一股鮮血，我把手探到他的肝臟底下，動脈進來的地方，感覺到一股快速輕柔的血流。

「該死的動脈斷了，」我說，「誰去找推車來。」

急救車出現了。

「你們有誰知道怎麼插管嗎？」

沒有人動。

「你！」我指著一個可能是醫學院學生的人，「過來這邊幫我拿住這個。」

他跪到我對面地上，有人給他手套，結果他戴不上去，我看得出他應付不來，可是接著我感覺到一記與住院醫師的按壓並不齊一的脈動。

「有心跳了。」我說，「停止按壓。」

我叫住院醫師先幫他壓氣囊，看他的呼吸是否變強，哈定的呼吸果然變強了。我已控制住出血，哈定有了脈搏，而且又開始呼吸了。

「打電話給手術室，」我說，「告訴他們我們要過去，不管他們準備好了沒。」

我發現銜接到新肝臟上的動脈受到感染裂開了，我從別處截取一段動脈，繞過感染的那一段，希望抗生素能解決這個區塊所有殘餘的感染問題。哈定先生撐過了那天的手術，兩個星期後，他又準備要離開了。他預定出院前的那個晚上，我在走廊上看到他。

「你不會留著什麼驚喜給明天吧？」我說。

「老天哪，但願沒有，醫生，我已經受夠驚喜啦。」

我握握他的手，祝他好運，以免早上沒能看到他。我正要離開時，他攔住我。

「醫生，我左邊這裡怪怪的，會痛。」他說，「需要擔心嗎？」

「怎樣怪怪的？」我問。

「噢，我不知道你們是怎麼說的，」他掀起他的襯衫，指著左乳頭下的肋骨，「好像有根針扎著，尤其是咳嗽的時候。」

我把手指放到他胸口，輕輕按壓一根肋骨，然後是另一根，突然間那根肋骨便斷了。哈定尖叫一聲，差點跌在地上，我扶他站穩，左張右望，看有沒有人。

我輕輕一按，便壓斷他的肋骨了，或者那肋骨已經斷了，我無法確定。我們送哈定回他的病房，給他鎮定劑止痛。我告訴他，再過一、兩天感覺應該就會好很多了。兩天後，護士發現哈定死在病床上，他之前發燒，我們以為是肺臟感染，因為他肋骨痛，氣吸得不夠深，可是我們錯了。繞道的動脈受到感染，也裂開了。斷掉的肋骨和那些鎮定劑，全都只是巧合罷了；哈定在睡夢中失血而逝。

37. 二〇〇五年三月 這樣正常嗎？

在腫瘤科醫師通知我說，我的癌症沒有復發後的一小時，我十六歲的女兒咳出了血塊。

「這樣正常嗎？」她拿著上面有一小團紅痰的衛生紙問。

我正在桌前寫電郵，告訴朋友我死不了了，而女兒說她最近咳得很凶，胸口會痛，並且覺得非常疲倦。

「還有我會忍不住發抖。」她說。

急診室的大夫拿她的X光片給我看，說他有點訝異情況會這麼嚴重。

「通常我們很少看到小孩子會有這麼嚴重的肺炎。」他說。

他似乎有點緊張，也許因為我是他們部門的主任，但當時我挺擔心他有事瞞著我沒說。

他給我們開了些抗生素，說萬一病情轉壞，或沒有好轉，就再回來，當時是星期六晚上。星期一，我在診間接到電話，說女兒感染一種麻煩的病菌，MRSA（抗藥性金黃色葡萄球菌），護士表示，不過這種菌對女兒吃的藥相當敏感，「所以算是好事。」她說。

幾天後，另一名醫師打電話給我，他認為娜塔莉應該做抗生素靜脈注射，我說她看起來還好。

「也許吧，」他說，「但MRSA的標準治療需做抗生素靜脈注射。」

下午有一半時間，我們都在等人來打點滴導管。我覺得如果他們給我一間手術室，一點局部麻醉和螢光鏡，我自己十分鐘就能搞定了。他們安排一位居家護士每天過來檢查娜塔莉，當天晚上我們就回家了。

我把早上的抗生素給娜塔莉，五點左右開始打點滴，打了一個多小時。她穿好衣服，她媽媽帶她去學校。第一天下午我提早回家，結果看見女兒躺在沙發上。來訪的護士正在沙發邊檢查她的注射管，並幫她打另一劑抗生素，等她量完娜塔莉的血壓和脈搏後，登記到表格上，又探問她覺得如何。

「我想還可以吧。」娜塔莉說。

我仔細看著女兒，發現她的嘴唇有些發灰，而且像是在發抖。我問護士，娜塔莉的體溫多少，護士說她還沒量。

「血壓呢？」我問。

她看看圖表。

「五十八。」她說。

「這話什麼意思？」我問。

「我在五十八時才聽到脈搏，」她說，「也許我應該再量一遍。」

這次她說是五十九。

「妳的血壓平時都這麼低嗎？」護士問娜塔莉。

那時我已跟急診室通上電話，告訴他們會帶敗血性休克的女兒過去。在車子裡，娜塔莉說她一整天在學校都覺得好累。

「我連一段樓梯都快爬不上去了，必須在每塊平台上休息。」她說，「結果害我有些課遲到了。」

他們花了幾個小時和六公升的點滴，才把她的血壓拉回到一百以上。從胸腔的X光片看來，肺炎變得更糟了。我打電話給我最喜愛的感染科顧問，急診室的人說要做胸腔手術，他們提出治療計畫，等娜塔莉看起來死不了後，便讓她住院。

女兒住到一間新病房，算中期照護的病房價，給那些比一般病患需要更多照護，但又不像加護病房那樣嚴重的患者住。護理人員幾乎都是新護士，各個活潑快樂。

沒想到我竟如驚弓之鳥，寸步不敢離開她的房間，坐在那兒盯著監視器的任何異常跡象，一邊努力不讓娜塔莉看到我的擔心。我極力忍抑，不做一名好管閒事的醫生父親。娜塔莉看著一部有馬和少女的電影，看著看著睡著了。

約莫到了子夜，娜塔莉的脈搏突然飆破一百四，她吸不過氣而醒來，我呼叫護士，她把該量的全都量過一遍，然後二話不說，離開病房。過了十分鐘左右，我實在害怕到不行，便到走廊上找護士，結果發現她在護士休息室上網購物。

「嗨，」我說。

她抬起頭笑了笑。

「她的血壓ＯＫ嗎？」我問。

「誰的血壓？」

「娜塔莉。」我說，「七〇九病房的患者。」

「我查一下。」

她找到表格，告訴我娜塔莉的血壓是七十五，「我量不到她的舒張壓。」她說。

我解釋娜塔莉是因為敗血性休克住院，血壓的數據表示她又病了。

「呃，醫生們已經指示打抗生素了，她有在施打，你還要我做什麼？」她合起表格，靠坐在椅子上，揚起頭望著我。

我叫她去請醫生們來，娜塔莉需要打點滴，而且要盡快打，也許要打很多。

「我看我能怎麼做。」她說，我謝過她，回七〇九病房。十五分鐘過去了，娜塔莉的心臟跳已衝到一百六十以上了，我覺得她的呼吸似乎變得更淺，且吸氣間連說話都有問題。

「我是不是快死了？」她問。

38. 控制狂

我是個優秀的外科醫生，全盛時期手術室裡能與我匹敵者寡，其實不管我到底是不是最優秀，根本不重要，重要的是，我相信自己是最棒的。我認為，那是唯一能支撐我，度過各種困難手術的辦法；也因為那樣，使我擅長教導許多其他外科醫生，做同樣的事。我發展出一套固定流程，堅持那是做肝臟移植的正確方法，除非我看到改善的必要，才會進行更動，而且僅以審慎、有系統的方式去改。我從不害怕改變，但為了維持水準，我堅信改變需源自仔細檢視經驗，而非突發奇想。

就我對其他外科醫師的瞭解，這些都很正常。手術室是我們的地盤，是我們生活中，唯一能頤指氣使發號施令的地方。我們在這裡指揮軍隊、奮勇作戰、在解剖學中贏取勝利。只要我們站到手術台，知道自己在做什麼，並揮灑這種力量，便能取得主導。

我一向自認是優秀的移植外科醫生，部份原因是，我在手術時，便會考慮術後的狀況——並永遠做最壞的打算。在移植手術中，你學會去懷疑，因為任何症狀都有可能是致死的預兆，你得採行必要手段，尋找並摧毀想害死患者的問題。病人印證最壞狀況的次數越多，你的及時行動便往往越能救回患者，你也越覺得自己聰明幹練。在手術室也一樣，雖然比較沒那麼戲劇性。你要說服自己，你可以解決任何問題、控制狀況，你激進的作為雖然具有風險，但你的技術高超。

這辦法通常能夠奏效，若是失效——我雖已盡力了，卻仍失去患者——至少我總能從個人的認知，找到一些事或人去咎責，幫助我解套，讓我維持必要的能力與控制感。

最近，我不再去控制任何事了，我在真實世界還找不到任何能取代手術室的事物。我停止開刀後的幾年，朋友、同事、老師和以前的學生，不斷問我會不會想念手術，我都掙扎要不要老實回答。

我說，我想念外科手術的成果；那種得意——狂喜的感覺——在漫長的奮戰後，我們雖渾身是血，卻充滿幹勁，彼此會心點著頭。

我告訴他們，我想念用自己的雙手，做一件美好事情的感覺。十年前我造了一條木舟，過程非常有意思，但比不上植入一個肝臟，然後鬆開夾鉗，看肝臟注滿血液，轉成粉紅色，然後開始在我眼前分泌膽汁，每個人因此露出笑容，大夥專心致志，參與其中。

我說我想念同袍的情誼，做為小組成員，與大夥合力達成不可能的任務，一群技術高超的同業並肩而戰，盡力而為。這番話往往令對方語塞，有時對方還會哈哈笑著搖頭，彷彿在說：「最好是啦。」或「明明就是混戰一場。」於是我才想起，手術很少非常順利。於是我便不再說了，他們似乎就想聽這種答案，所以那樣就夠了。我若再多說，便沒人要聽了，但那不是全部的事實，或最重要的部分，至少對我而言如此。

二〇〇五年，我因不想再於夜間待命，而不再接移植手術，但我仍是全職外科醫師，固定會開刀並乖乖巡房。那是我擔任外科主任十二年的第九個年頭，我開始著手一份新的軟體發展計畫。

那年冬季的最後一個禮拜，我幾乎守在女兒的醫院病房。我相信我若離開就會出事，事實往往也是如此。

女兒住院的第一個晚上我在，護士就沒能看出娜塔莉又犯敗血性休克了，需要做心肺復甦。我不敢想像萬一我回家睡自己床上，會發生什麼事。幾天後，他們用靜脈注射幫她打了一大管止吐藥，我剛好不在，害女兒接下來兩天幾乎無法反應。當時我回去沖澡換乾淨衣服，吃頓像樣的午餐，結果卻覺得受到懲罰。另一次我回辦公室二十分鐘，簽發一些遲交的文件，他們竟在扶她下床時，不小心扯掉一條重要的靜脈注射管，他們送女兒去放射科重新裝上，而同意書上僅有她自己的簽名。

但娜塔莉漸漸好轉，她回了家，缺席游泳冠軍賽，然後還上了電視，因為她是少數感染同種葡萄球菌，但幸運沒有死掉的人。我相信自己在病房裡，有助救她一命；那幾個星期中發生的一切，更強化我的一個念頭——只要我願意待在病房裡，便能控制命運，那是一定會的，我根本不考慮無法控制命運這檔事。

娜塔莉順利在五月畢業了，我帶她到魁北克騎馬。八月，克莉斯和我送她上大學，然後開十二個小時車回家，兩人一路幾乎沒講話，各自努力消化其中的改變。幾個星期後，我們與友人騎自行車，走小路從布達佩斯穿過斯洛伐克到波蘭，參觀奧許維茲[26]，然後愛上克拉科夫[27]。我們在俄亥俄與家人共度傳統的感恩節，在內布拉斯加的家裡，跟從大學回來的孩子們過聖誕節。我覺得身體狀況很好，並且忙著大學裡的工作。

二〇〇六年一月的某個週日下午，我在奧馬哈的家中工作，為一次即將到來的說明會寫報告。書房電視上，匹茲堡鋼人隊正在跟印城小馬隊打季後賽，我聽到鋼人隊暫時領先，我應該能及時寫完報告，坐到沙發上看第四節的比賽，若是比分相差過於懸殊，或許我會去騎個車。一切都很美好。

但我開始感到焦慮，毫無預警，我停止撰寫，做了幾個深呼吸，探著腕上的脈搏，脈搏跳得又重又快。我開始有些頭昏，我一站起來，感覺兩腿發軟。我走進起居室，坐到沙發上，卻看不懂賽事內容。我以為自己也許中風或長腦瘤了，或許腦部有顆動脈瘤正在滲血，在球賽第四節開打之前，我就會成為器官捐贈者了。

我知道那很可笑，我都很想嘲笑自己。我看著鏡子，要自己別胡思亂想，放輕鬆。我找到老婆，說我覺得怪怪的。「怎樣怪？」她問，但我又解釋不出來。時值一月，但溫度有攝氏十五度，陽光晴和，因此我覺得應該去騎個腳踏車，騎一下就好，我說，有助我放鬆。

騎了幾條街區，我知道自己錯了，我滿腦子只想到死亡，我所看到的、感覺到的一切，都加深我的恐懼。我痛恨太陽，洋洋的暖意令我畏懼發顫。一名健美的年輕女子穿著短褲和比基尼上衣，在一月慢跑，讓我覺得世界就要完蛋了，若不是對她或其他人而言，至少對我如此。我這輩子做過的一切都了無意義，而我是唯一知道接下來會發生什麼的人。我調頭騎車回家，直奔我的臥室，然後鑽到毯子底下。我冷死了，我蓋住自己的頭部，讓天變黑。我側躺著，把膝蓋蜷到胸口，彎著脖子，把毯子撐起來，以便呼吸，等覺得快窒息時，再把頭探出去吸氣。

幾天之後，我又犯恐懼了，這次也是出其不意，橫空殺出，我本來絲毫不覺得有壓力或

㉖奧許維茲（Auschwitz），納粹德國時期建立的猶太集中營，位於波蘭南方。
㉗克拉科夫（Krakow），波蘭第二大城。

擔心任何事。接下來一個星期，我又犯了四、五次，我覺得冷，雙腿無力，想到要跟任何人或事物接觸，就令我害怕莫名。要是在工作中犯病，我就叫手下別來煩我，拉上窗簾，把門鎖上。我躺在沙發上，用冬衣外套蓋住自己，抖到睡著為止，等我醒時，便欣然發現恐懼又煙消雲散了。

我不知如何是好，懷疑自己是不是賀爾蒙失調。我想，有可能是我的甲狀腺出問題，或長了怪腫瘤，分泌詭異的物質，害我有這種感覺。有幾次我覺得頭昏，擔心是腦子出了狀況，於是我去看神經科部門主任，問他有何看法。他叫我去做腦部核磁共振、抽血，並寫說他擔心我淋巴瘤復發，生在腦部。檢查結果全都正常，他也不知道我接下來該做什麼，我覺得自己也許該去見精神科醫師，但我不想提出來。

最後我發現自己得了焦慮症，有個朋友出其不意對我坦承他自身的問題。接受治療後，我的問題大多控制下來了，現在已有大幅進步，不過為了治療，我得服用少劑量的贊安諾或安定文。我有幾次被迫取消排定的手術，或請同事代刀。我從不在服藥後做手術，即使只吃了最輕的劑量。我知道應該不會有問題，但萬一出事呢？我才不想冒那種險，無論風險有多低。

我開始懷疑，所謂控制，是否只是一種為了讓自己活下去，而自我創造出來的幻覺。然而，「我若不在場做正確治療，患者可能會死」的狂想，一直都是支撐我活下去的重要意念，我畢竟是個外科醫生。

39. 創傷召喚㉘

他沒提到創傷召喚，否則我一定會記得。反正我擔任主治醫師，或住院醫師所說的真正的外科大夫的第一天，主任便遞給我一疊一般手術的文件，和創傷召喚的排班表。

「這是什麼？」我問

「待命時間的班表，」他說，「我這個月幫你排得輕鬆些。」

我反駁說，我得經常熬夜，不該再排創傷召喚，但主任說，那只是小事，反正啟動召喚的夜裡，不會有太多狀況。

「沒什麼大事，」他說，「我們又不是在達拉斯或休士頓那種大城。」

稍後我坐在自己的辦公室，心想也許真的沒什麼大不了，至少在我們忙起來之前，暫時不會有問題，目前我們的移植候補單上，連一位病人都沒有。

那天稍後，我告訴我的同伴，他似乎很開心在等待器捐的漫長過程中，能有點事做。

「創傷召喚應該很有意思。」他說。

我訝異地瞪他一眼，我痛恨創傷。

「我相信一旦我們忙起來，主任就不會來叫我們了。」他說。

主任並沒放過我們。我不止一次發現自己不眠不休工作三十個小時或更多，好不容易鬆口氣想回家，我的傳呼器又把我召去急診室了。移植手術越忙，我心裡就越不平。我再次跟主任提這檔事，結果反聽見自己承認說，創傷召喚挺閒的，尚未干擾到我們的移植工作。

我那剛會走路的兒子，手被前門夾到了，克莉斯打電話到我工作的地方說，兒子的中指尖晃悠悠地連在一小片皮上。當時我正在替肝移植手術收尾，便叫克莉斯帶兒子到急診室，我再盡快過去跟她會合。

幾分鐘後，二十四小時待命的器官勸募組織打電話給我，說我們醫院有位捐贈者，他們希望能盡快進手術室，他說家屬已經同意了，那孩子的狀況非常不穩定，問我是否已能抽身，去做器捐者的手術？

我看看時鐘，告訴他我還要一個鐘頭，也許不到，他說沒問題。我要手術室的護士打電話，叫接受兒童肝臟的受捐者到醫院來，並看看我老婆兒子是否已經到急診室了。

㉘急診室出現嚴重創傷病人時，醫院便會啟動醫療團隊機制。

39.

接著情況變得複雜起來。

外科總醫師來到手術室，說有位八十三歲老人患了憩室炎和結腸穿孔。

「你想幹嘛？」我頭也不抬地縫合膽管問。

「呃，蕭醫師，我看他昨天就應該進手術室了。」他說。

我解釋自己的情況，並叫他看看能不能找一般外科醫生幫忙。

「我也知道，所以我已經試過了，沒有人回應呼叫。」

我叫他打給主任。

「他出城了，大夫。」

我叫他先把老人家送進手術室，我再想想辦法。

最後我來回穿梭於三間手術室，確定自己在關鍵時刻，都能在場。就在我為肝移植收尾時，他們用輪椅把我兒子推進第四個房間。我看著他們把兒子抬到手術台上，他的左手背插著靜脈留置針，而且身體沒有動彈。我走過去看能不能跟他說說話，安慰他不會有事，可是他已經昏睡過去了。我用手貼住他的額頭，看著他小小的眼皮，感受他溫暖的皮膚。

「應該不會有問題。」有人說，我轉頭看到一位整形外科醫生正在戴放大鏡。「小孩子這一類傷癒合得特別好，他會跟沒事一樣。」

我走到隔壁門口，確定結腸破裂的老人狀況穩定，並問總醫師他打算如何開始。我告訴他，我就在隔壁處理器捐者，等他開刀檢視過，知道想做什麼後再叫我。

「好的。」他說，「不過你要知道，我剛才又接到急診室的電話，說有個十四歲的孩子盲腸裂了。」

「把他交給他媽的兒童外科醫生。」我說。

「沒辦法，」他說，「這小孩已經超過年齡限制了。」

「什麼限制？」我問。

「我們有規定，十四歲以上的患者得送一般外科。」他說。

我說等他們把盲腸破裂的孩子送進手術室後，再告訴我一聲。同時間，我得回去繼續開器捐者的刀。

器捐者的手術室台上，躺著一名金髮粉膚的黑眼小男孩，孩子的頭顱破了，跟我兒子同年。我像看見自己的兒子躺在那裡，慌亂襲據了我，我覺得完蛋了，大腿一軟，便開始發抖。我衝到水槽邊，扯下口罩，開始嘔吐咳嗽，我緊抓住金屬的水槽邊緣，以免跌倒。

40. 你不想救她嗎？

不是每個需要肝臟移植的患者，都能得到肝臟，雖然現在支持器捐的人多了。那表示我們必須選擇獲得新肝臟的人選，而且為了公平並符合大眾利益，我們必須非常挑剔。從器官移植最初期起，幾乎每個移植中心都設立了由外科醫師及醫療專家、護士、心理學家、精神科醫生、社工及其他人所組成的委員會，來審視各別的受贈候選人，然後決定誰能列入他們的等候名單，等待捐贈的臟器。國會在一九八四年通過法案，後來依照該法案，創立了使用捐贈器官移植的第一套全國標準，包括器官分配及患者篩選相關的國策研擬。國家規定，各移植中心在選擇移植患者時，享有部分的決定權。

有些造成肝衰竭的原因，會回過頭來破壞移植的肝臟。酗酒者可能恢復飲酒；仍潛伏於受贈者體內的肝炎病毒，可能會感染新的肝臟；看似治癒的肝癌，還是可能復發。所有這些會復發的疾病，都可能毀掉新的肝臟，有時幾個月，有時費時數年。

器官移植的首要目標，是治癒破壞原有臟器的疾病。我們很清楚，疾病未必一定能治好，但即使無法治癒，患者還能是能在器官移植後，獲得幾年的高品質生活。當然了，那又帶來另一個痛苦的問題：怎樣才算夠久？對甲太太來說，多活一年夠嗎？而同時在等候名單上的幾百名患者，在獲得新器官後，很可能多活幾十年？兩年夠久了嗎？

我們也很拙於預測，一個人要活多久，原有的疾病才會復發。一般而言，如果篩選委會的成員認為，患者有一半以上的機率，至少能活兩年，且原有的疾病不會破壞新的肝臟，通常就會把患者放到等候名單上了。

這些決定往往非常困難，全美的篩選委員會成員，沒有人想拒絕任何懷抱一線希望的患者。對我來說，這向來是這個工作最艱難的地方。

凱敏．威廉斯因肝炎而做肝臟移植，病理科醫師檢查她的舊肝臟，還發現一顆腫瘤。那是肝細胞癌，而且很小，我們告訴凱敏的父親，不可能會再復發。兩年後，她的肝炎又犯了，但不是癌症，一年之後，我們決定為她換第二次肝。一開始她的狀況很好，但僅僅才過五個月，她的肝臟又壞了，電腦斷層掃瞄顯示，新移植的肝臟似乎長了癌。

星期四下午，我跟凱敏和她的父親霍特在診間碰面。我告訴他們，委員會拒絕讓凱敏做第三次移植，凱敏定定望著我。

「可是另一位醫生說，沒有新肝臟，她就活不到聖誕節了！」霍特大聲喊道，「這點你怎麼說？」

「那很難講。」我說，「可是即使現在給她另一副肝臟，癌症或病毒還是會復發，然後——」

「你能確定嗎？」他說，「上星期跟我們說，不確定有長癌的醫師，就是你吧。你連癌是從哪兒來的都不知道，對吧？我的意思是，就你所知，應該是從你幫她移植的那顆肝臟來的，因為所有檢驗，都無法證實什麼。」

「我們相當確定——」

「相當確定？你相當確定？你因為相當確定，所以判我女兒死刑？」

我等他走回椅子坐下來才回答，凱敏往後一靠，把臉上的頭髮甩開。

「我知道這很難接——」

「你懂個屁，你沒有權利說那種話，你什麼也不懂。」

「威廉斯先生，」我說，「我們先把確定知道的事講一遍。」

「太誇張了，」霍特說，「她大老遠跑來，你看看她，看看這個甜美的女孩，難道你不想救她嗎？」

十五歲的凱敏坐著，向前傾身，用手肘撐住膝蓋，盯著地板。

「他媽的，她**應該**再有一次機會。」他說。

霍特說，我若不肯幫她，他就去找願意幫忙的人。我說我可以介紹他們到另一家移植中心，我知道有一、兩家可能會接受她，如果他們願意，當天下午我就去打電話。

「可是凱敏若是我的女兒，我不會希望她再移植。」我說。

「我們本來不必去別的地方，」他說，「你應該是這裡最棒的，我知道，我做過研究。」

「對不起。」我說。

霍特轉過身，攬住凱敏的肩膀，她把頭埋在父親胸口。我讓他們那樣待著，不知道還能說些什麼。

告訴凱敏壞消息後的一天，我坐在加護病房辦公桌，看一位患者的檢驗結果，這時我的傳呼機響了，是醫院律師，問我有沒有聽過一個叫柯林頓·渥克的人。

「柯林頓·渥克是你的患者威廉斯的代表律師。」他說，「他打電話到醫院行政部，建議我們中午收看第十二台。」

十二台的主播稱之為重大消息，「現在記者為您在大學醫院做現場播報，律師表示，這邊的醫生給一位比佛福斯[29]的女患者判了死刑。」

渥克與一位十二台的記者站在外頭太陽底下，一陣風吹來，記者連忙按住自己的頭髮。

柯林頓斜眼瞟著，「大學醫院」的幾個大型金屬字母，在兩人頭頂上畫出一道完美的弧線。

渥克先生告訴第十三台的記者，醫學中心的醫生將凱敏．威廉斯判了死刑。他說醫生沒來由地否絕了凱敏的求生權利。

記者想知道原因。

「我們也想知道。」渥克說，「威廉斯父女無法瞭解，為什麼這樣一間聲譽卓著的醫學中心，會有如此冷血的醫生？」他嘲諷地說。

到了下午，醫院律師、集體醫療律師、老闆和我，與渥克會面，準備開記者會。一開始大家的對話還很客氣，接著就越來越激烈了。我坐在那兒，心想為什麼要花那麼大力氣各說各話，兩邊似乎都沒掌握到所有事實。

「是這樣的，」我說，「我們有主動表示，會介紹他們去另一家醫療中心。」

渥克先生吵到一半停下來，舌頭突然打結，醫院律師用兩手揉著臉。

「那是什麼時候的事？」集體醫療律師問。

四家電視台、三間廣播電台和兩間報社全都派記者出席這場記者會了，柯林頓．渥克宣佈，他已經跟醫院律師達成協議。

「我已經想出能接受的折衷辦法了。」他宣稱說，「醫生們終於同意將凱敏．威廉斯轉介到另一家中心。」

第十二台的記者已把頭髮固定住了，她問外科主任，也就是我老闆，這是不是真的。老闆看看我，我接話說，我已打電話給另一州的移植醫生，那位外科大夫同意見威廉斯小姐。

「她換新肝臟的機會有多大？」記者問。

「很難說，」我表示，「也許很有機會。」

「我們這裡為什麼沒法做？」她問。

「她不符合我們這邊做另一次移植的標準。」主任答道。

「但她那樣不就會死嗎？」有人問。

「是的。」我說，「無論換或不換。」

「怎麼說？」有人問。

「我們不會討論患者的細節。」我老闆表示。

「他們跑去別的地方，你們會生氣嗎？」

㉙比佛福斯（Beaver Falls），位於賓州。

「當然不會。」他說，「我們鬆了口氣。」

霍特和凱敏幾天後離開了。幾個月過去了，我們一位護士拷貝了一份霍特寄來的電郵給我。凱敏換到新肝臟了；她的狀況很好，是幾年來狀況最好的時候，他希望我們能學到教訓，莫讓別人再遭受凱敏那樣的待遇。

凱敏活不到一年，我不知道她最後是怎麼死的，霍特在經過那麼多的痛苦與折磨後，只換得那麼短暫的時間，不知是否會感到訝異，也許他認為很值得。我一點都沒有沉冤昭雪的感覺，只是一直思索，我們得想個辦法，更婉轉地對待像凱敏和霍特這樣的人。

41. 守夜

我對律師一直不太瞭解，直到進了醫學院。醫學院第一年，我們跟法學院的男生玩美式足球，多數比賽都十分友好，可是我們隊有個叫艾利克的傢伙很愛挑事。「嘿，腦殘，知道五百個在海底的律師叫啥嗎？」艾利克在第一場比賽中途，對他們的四分衛喊道，「叫好的開始！」他自以為風趣。從此之後，他就不需再重述整個笑話，只講重點就好了。「好的開始啊，傻逼。」他想說就說，例如把某人重重撞倒時。我有些同學也覺得那樣很好笑，我一直都在狀況外，假如你是醫生，自然就會認為所有的律師都是黃鼠狼吧。

我在擔任移植外科醫師的初期，會與各種支援單位合作，協助患者取得肝臟移植的財務批准。有時州政府的醫療補助單位拒絕支付移植費用，我還得到聯邦法庭為患者做證。我們總是能逆轉情勢，在這過程中，我得以結識幾位非常傑出的律師，他們跟我一樣，免費為那些患者服務。

三十年來，我有六次被控醫療疏失，為自己辯護的經驗。那些訴訟總會提到我的工作夥伴、醫院、護士及幾十位周邊人士。多數案子，都在調查的過程中撤消了。少數幾次，同事與我上了法庭，但陪審團的決定對我們有利。我發現律師真的可能成為你最好的朋友，至少在對抗其他律師時。那些經驗教我認識了真相的力量，這事有點討厭，因為出庭的訣竅，就是把真相攤在陽光下，但我發現律師既擅於昭雪陳冤，亦長於顛倒黑白。

最後我發現，即使真相顯而易見，卻未必總是相關。我還發現，自己有時講太多話了。

麥考倫·戴爾在肝臟移植後中風了，他待在加護病房休養的那個星期，我在加護病房度過許多夜晚。

有些夜裡，麥考倫的妹妹瑪莉和她男友會陪著我，我不確定我第一次見到瑪莉是什麼時候。手術後我到等候室告訴麥考倫的母親，一切都很順利時，瑪莉並不在場。我告訴麥考倫的媽媽，她兒子得了嚴重中風，可能無法活命的幾天後，瑪莉才出現。我幾乎不曾在白天看到瑪莉，她和她男友晚上出門玩後會過來，身上飄著菸酒味，拖著步子到麥考倫的加護病房。多數夜晚，她男友的頭還沒沾到躺椅的紅膠塑皮，就已經睡著了。

瑪莉很難捉摸，有天晚上她似乎很興奮，認定麥考倫正在好轉。她在房中四處走動，看著監視器，檢查尿袋。

「他的血壓有比較好，對不對？」她問，「還有你看看那些尿，那是很好的現象，對不對？」

另一個晚上，她拉了張椅子坐到麥考倫床邊拉住他的手。

「我們一起在密西西比長大，還有牛津，威廉．福克納等等之類的。」她說，「我們整個夏天都在多比杜比溪釣魚抓青蛙。」

她站起來彎身親吻哥哥的額頭。

「我們以前是那麼的親，」她說，「現在怎麼會變成這樣。」

她頹坐在椅上，然後開始嗚嗚哭泣發抖，護士遞給我一盒衛生紙，我把盒子放到她旁邊的茶几上。

「老爸去世後一切就都變了，」她說，她告訴我他們為了爸爸的遺囑大吵特吵，父親在最後更動遺願，令麥考倫氣憤不已，他將此事怪罪到瑪莉頭上。我當時正忙著調整麥考倫的呼吸器，沒細聽所有對話的細節，但我知道，不親的兄妹在一方遲遲出現後，才看到另一個人的喪親至痛，會造成的罪惡感。

有天晚上十二點剛過，瑪莉來了，她單獨前來，一身清醒，她很想談話，談很多話。我們東拉西扯聊著，她問我麥考倫為什麼會中風。

「我知道你跟麥考倫的醫師談過了，」她說，「但我不懂他在講什麼，你何不跟我解釋看看？用平常人的話解釋。」

有了願意聆聽的聽眾，我告訴她，我們大家都很訝異，因為肝移植後中風非常罕見。

「呃，」她說，「那你認為麥考倫出了什麼問題？」

「但願我知道。」我說，「我回頭檢視所有資料跟一切，但找不出任何能解釋中風的原因。」

麥考倫開始咳嗽，我可以聽見呼吸器的管子裡有液體。

「等我一下。」我說。

我起身清掉管子裡讓警鈴作響的液體。

「他還好嗎？」瑪莉問。

「還好，」我說，「我想他需要抽痰。」

我戴上手套，跑去拿抽痰管，這時護士走進來了。

「我來。」她說。

瑪莉從椅子上站起來，望著她哥哥的臉。

「他會痛嗎？」她問。

「他沒事，」我說，「也許氣管裡有些液體，但只是這樣而已。」

瑪莉坐回椅子上閉起眼睛。護士抽完痰後，麥考倫的呼吸又變順暢了。她檢查麥考倫的集尿袋，在紙巾上寫下數據，然後帶著紙巾出去。

瑪莉坐起來，躺椅砰地一聲往前彈折。她傾身向前，手肘抵住膝蓋，兩手交疊，垂著頭，狀似禱告。

「所以你毫無頭緒，不知道他中風的原因。」

當時很晚了，我們倆獨處，看著她哥哥掙扎求存。我覺得很安全，想分享本人對麥考倫中風的唯一推論。

「也許有一個原因。」我說。

我告訴瑪莉，有時新肝臟或血管裡的一顆氣泡，便可能造成中風。我從沒見過那樣的病例，「但我在另一家移植中心的報告上讀過。」他們的患者心臟心室間有個洞，也許因此有顆氣泡沒被肺臟濾掉，而流過大動脈跑進腦部，阻斷了血流。

「心臟有個洞？那樣不是很糟糕嗎？」

「通常不會，如果洞小的話。」我說，「還有如果氣泡不會跑進你的血管裡的話。」

她對我皺眉，然後搖搖頭。

「胎兒的心室間有許多洞，讓血液通往正確的方向，小洞在孩子出生後應該會密合，但有時不會完全合起來。假如洞很小，或不在重要位置上，也許一輩子都活得健健康康的，不會知道。」

「除非他們做肝臟移植，」她說，「就像另一家中心的患者一樣。」

「但情況稍有不同，因為他們已經知道患者心室上有洞了。」

「怎麼會？」

我解釋，他們在移植前做過完整的心臟評估，發現有個小洞，但不認為會造成問題。

「這件事告訴我們，你無法確定沒有任何殘留的氣泡。」我告訴她，另一家中心推測他們若在移植前把洞補好，應該能防止中風。

「那麼麥考倫呢？」她問，「他心臟有洞嗎？」

「結果他是有的。」我說，但我們事先並不知情。

瑪莉瞪著我，不是晚上在酒吧裡的那種茫然眼神，而是十分銳利，我應該有所警覺。

「所以你在事前並不知道。」她說。

我說我不知道，「我說過了，那也許不是中風的肇因，你懂吧？中風有很多其他原因。」

「可是你檢查過他所有其他資料，結果找不出任何能解釋的原因，對吧？」

「是啊，可是——」

「我這麼問你好了，你在術前有沒有檢查過麥考倫的心臟？」
我解釋說，麥考倫的年紀還不到做全面心臟評估的標準。
「你會希望你有做過那種檢查嗎？你們是怎麼說的，叫——」
「心臟超音波。」
「對了，就是那個。如果你做了超音波，事前看到他心臟有洞，你還會做肝臟移植嗎？」
「很難講。」我說，「也許不會。」
「也許不會？我可以告訴你，我希望你當時能查出來並修補它。從你剛才所說的話看來，那似乎是唯一讓麥考倫癱躺著，無法說話，無法做任何事的原因。」
我站起來，拿起護士放在床側的表格，試著讀上面的資料，但那些數字全糊成了一片。我們坐在一起聆聽空氣在麥考倫的肺部進進出出，我無法抗拒瑪莉的論點，我希望自己能預早知道那個洞。我沒有告訴瑪莉，另外一家中心的外科醫師在會議上報告那起病例，或在國際大會上提到中風時，我剛好擔任主席。我甚至在問答時段發表意見，主張也許應該考慮做肝臟移植前，固定為每位患者做心臟超音波，可是做報告的醫師和其他人認為那樣太多此一舉。「這種情況太罕見了，」有人說，「花費不可能擺得平吧？」

「老實說，柏德，如果你必須重來一遍，你一定會先修補那個洞，才幫他移植，對吧？」

「妳是指我現在的感覺嗎？是的，假若我知道他心臟有洞，就不會幫他做移植，我們本來可以輕易在事前檢查出來。」

我不記得跟瑪莉的任何其他對話了，麥考倫開始快速復癒，瑪莉回家了，過了快兩個月後，我們把麥考倫送到他家附近的一間復健中心。

當我接到以前的集體醫療律師打來的電話，麥考倫已經在家中住一年了。我還記得麥考倫嗎？記得跟他妹妹瑪莉說過話嗎？我可知道麥考倫的復健費用相當龐大？我知道瑪莉在密西西比是幹律師的嗎？他們的事務所靠對醫師興訟，賺了不少錢？

原告辯護律師在訴訟裡提到我的名字，後來瑪莉告訴我，那傢伙是「南部最凶的狗」。他們還控告跟麥考倫最初評估有關的每位醫師與護士、雇用我們的大學，以及開刀地點的醫院。經過好幾年的反覆查證，最後我們上了法庭。

我在出庭作證的前一晚飛回去，翌日早晨提早來到法院。麥考倫和瑪莉坐在長椅上等門開，我停下來打招呼，那時我才發現，麥考倫和我其實從未真正會面。我一位前同事在移植前幾個月做初步評估，等我抵達做移植時，麥考倫已經睡倒在手術台上，準備開刀了。他們送他去復健時，麥考倫尚未恢復任何清楚的記憶，所以我必須對他解釋自己是誰，而瑪莉站在一旁，盯著自己的鞋子。麥考倫笑了笑，點點頭，瑪莉開始點著腳，看著自己的錶。

在法庭裡，麥考倫在我做證時，很少看我。我老是看見瑪莉及時避開眼神，或者那只是我的想像，也許我希望她能有些感覺——也許有點罪惡。瑪莉和我曾共度時光，我們成了戰友，共度那些深夜：麥考倫的妹妹，麥考倫的醫師。

我在證人席上，回答一連串原告律師的初始提問，旨在讓陪審團知道我是誰，以及我大概有什麼經驗。然後他就開始出手了。

「所以當戴爾女士問你，你若知道她哥哥麥考倫心臟有個洞，你還會幫他做肝臟移植時，你是怎麼說的？」

「我說也許我不會做。」

「也許？」

「那晚她問我同樣的事……」

「然後呢？」

「我說我不會。」

「除非麥考倫的洞補好了，否則你不會做移植，正確嗎？」

我點點頭。

「醫師，我需要你的口頭答覆。」

「沒錯，我當時是那麼說的，但我錯了──」

「抗議，法官──」

「──因為中風的機會實在太小，所以──」

「**抗議**，法官。他答非所問。」

「抗議有效。」法官說。

法官要陪審團別理會我的意見，並叫我針對問題回答。律師再次問我，是否說過我希望自己沒做這次移植，我的律師抗議說，我已回答過那個問題了，接著法官叫原告律師往下問。

麥考倫好像並未從訴訟中獲得任何東西，被告請來專家群，表示中風機會實在罕見，沒必要耗資為每一位候選者做心臟超音波。陪審團顯然也同意了，雖然他們認我們應該要更清楚誰可能會中風，但他們認為我們並未違反標準治療程序。

麥考倫做完肝臟移植後，活了很多年，在我離開醫院後，仍又活了許多年。他住在密西西比灣區，瑪莉家附近。

有一年在全國移植會議上，我遇到一名移植小組的護士，她告訴我說，小組仍密切照護麥考倫的移植醫療。護士說，他們與麥考倫的溝通，大多透過瑪莉。麥考倫的檢驗過期或變更用藥時，他都打電話給瑪莉。

我很高興瑪莉那麼照顧她哥哥，麥考倫一直未能完全復原，他需要瑪莉的支持。但我希望我能知道更多。最近我在想，麥考倫究竟有何感覺？他快樂嗎？他很高興做了肝臟移植嗎？他自己能不能告訴我？還是我必須去問瑪莉才行？

有天晚上，我上網查詢麥考倫的地址，輸進 Google 地圖。我利用街景瀏覽模式仔細查看，找出一個小小的淡黃色房子。停著一部車子的車庫門開著，一輛灰色休旅車停在車道上，後車廂的車蓋掀開了。我可以看到兩只紙袋放在右後方檔泥板旁的水泥地上。街道對面，有位鄰居正在沖洗車道，隔壁鄰居有六輛破爛的汽車跟貨車停放在枯樹下的雜草上。

我覺得這樣偷窺麥考倫很怪，我不確定自己想找什麼，我希望這些影像是動態的，但並不是。它們很可能是幾個星期、幾個月，甚至好幾年前的凍結時刻。

幾年後麥考倫去世了，有人說他的腎臟也衰竭了。

我又去查看了地圖，麥考倫的舊房子現在變成白色；車庫門關上了，車道上空空的，街道旁有一份貼平的報紙。依舊是一片枯草，但隔壁那些鏽掉的汽車貨車全都消失了，取而代之的是一輛停在山核桃樹下的紅色迷你廂型車。我被某種更親密的東西糾纏著，我們曾經是三條守在一個可怕地方的靈魂，在深夜裡彼此相伴，現在我只知道，有人在麥考倫死後，在他的信箱旁側漆上了長春藤葉。

42. 好日子，壞日子

老爸和我坐在廚房桌邊，用湯匙挖著燕麥麩，我啜飲義式咖啡，等著他再把咖啡倒進他的穀片早餐裡。

「這得燙才行。」他拿湯匙敲著塑膠碗說，「這不燙。」

居家護理員庫妮問他要不要熱的穀片早餐，「我看到櫃子裡有些粗玉米粉，醫師。」

老爸說他不要什麼該死的粗玉米粉。

「那些草莓如何？」我問。

「很好啊。」他答道，抬眼從眼鏡上方看著我。他又吃了一匙草莓與燕麥，然後緩緩嚼著。

「那些是昨天買的。」我說。老爸放下湯匙，端起杯子，作勢倒入碗裡。

「你的咖啡要配那個啊？」我問。

「什麼？」他停下來。

「你好像想把咖啡倒進碗裡的穀片跟草莓上，你打算那麼做嗎？」

他再次看著我，啜一口咖啡，然後咧嘴一笑，一副被逮著的模樣。

「草莓好吃嗎？」我問。

他放下杯子。

「好吃，」他答說，「哪裡弄來的？」

「超市買的。」我說，「昨天晚上我們吃草莓脆餅配鮮奶油，記得嗎？」

他又吃了一瓢，但太大口了，牛奶從下巴滴了下來。

這些算是狀況好的日子，壞的日子裡，老爸就不醒了。他可能躺在躺椅上，仰頭張著嘴，咻咻喘著氣，除非有某個東西，也許是昨天晚餐還黏在他上顎的一小口軟爛的生菜，滑入他的氣管裡，他才會咳呀咳地，直到再也咳不了為止。

爸爸不想再吃了，他看著擺放藥品的黑色鎖盒。

「我得吃藥了。」他把手伸向盒子，彷彿想召喚它們。

我看看庫妮，她搖搖頭。「你今天早上吃過藥了，醫生。」她說，「早餐前吃的，你說你不想等。」

「讓我瞧一瞧。」說著他站起來想去拿盒子。
「你已退休不再做了。」我說。
「不再做什麼？」
「做自己的醫生。」
「我他媽的為什麼要那樣。」他說。
「因為有時你會搞不清楚。」我說。
「你放屁，我九十二歲了，對不對？」
我等著，他又坐了回去。
「我活到這會兒，可沒要你幫忙。」
「是啊，不過至少我知道你年紀多大。」我說。
「多大？」他問。
「你九十三了，從二月之後。」我答道，心想，不知老爸曉不曉得現在是六月。
「媽的。」他說，假裝要吐痰。「把那該死的盒子鎖碼告訴我就對了，幹點有用的事，做點改變。」

在老爸的全盛時期，我會信任他，由他取出我的膽囊、幫我把斷腿接好、檢查我的大腸。現在老爸連一包餅乾都打不開，他像一個不再懂得使用雙手的老人，用手指側邊和拇指拎著手機。我好想叫他別再那樣，他好歹是個外科醫師，他那雙巧手，可以用我所知，快過任何人的速度，縫合一個人的肚皮。他明知怎麼開餅乾，不該再這樣鬧下去了，打開就對了，別鬧了。

我不清楚老爸為何不再動刀，但我確信他知道時間到了，或已經超過時間了。我不認為他會輕易放棄，即使在他退休後，他還是會幫親朋好友跟鄰居看病，常常開過期的樣品藥給他們，那是他幾十年的收藏。開一點一九八五年份的洋地黃，給一位有糖尿病和肺氣腫的九十歲老太太；一九九三年份的抗生素，給一位屁股上長了癤子的七十四歲老人；醋和蜂蜜，給每個吃了凱琳太太的蛋沙拉而中毒的人。

一開始，爸爸的健忘多半讓人覺得好笑，頂多有點煩。他會早一個禮拜打電話來，問我們是不是探訪遲了，在談話時會編出一些從未發生過的事，或用一個月前的雞蛋沙拉，搞砸教堂聚會的食物，而且絲毫不覺得尷尬或罪惡。

老爸的壞日子始於他無法記住自己的藥：他吃過什麼、落掉什麼，或吃藥的原因，甚至哪種藥是吃什麼用的。我們試著作圖表，把他的藥丸照相並貼上藥名與功用，可是老爸不肯用，要不然就是忘記有圖表，然後自己亂吃一通，最後又被送進醫院，有時則心臟病復發。

我已經不會再生氣了，只是看著他笨手笨腳胡搞，直到忘記自己一開始要幹嘛。「我來吧。」我說，爸爸默默把餅乾遞給我。

這名男子不是我以前的父親，他已經衰老不堪，無法修復自己了，現在他明白了，我也是。就像那樣，壞日子變成了以後的好日子。

他快吃完穀片早餐了，他的咖啡空了，他還在咀嚼，並望著窗外的小鳥餵食器，不知心裡在想些什麼，我猜他自己也不曉得。

「嘿，老爸。」我說，「記得你以前會把鉬放到你的穀片上嗎？」

他拿起空杯喝著，然後看看杯子裡，再放下杯子。庫妮皺起眉頭。

「那是**什麼時候**的事？」我說，「也許幾年前吧？」

「我他媽的幹嘛那樣做？」

「是啊，」庫妮說，她已繞過桌邊，以便看到我們兩個。「是你亂編的吧？」

「沒有，我沒有瞎掰。」我說，「老爸從放射部門把鉬拿回來，放在那邊的糖罐，就在鹽跟胡椒旁邊，他說那樣可以防止憩室炎。」

老爸揚起眉毛，歪著頭，「也許有吧。」說著他對庫妮擠擠眼。

庫妮搖著頭拿起他的湯匙與空碗送到水槽裡，我不確定她相信老爸把鍘撒在他的穀片上，是因為認為能防止憩室炎，但他有五、六年的時間都那麼做。

老爸往前傾，狀似要離開，我問他，是否認為鍘有效用。

「什麼效用？」他問，我又跟他說了一遍。

他拿起餐巾，尋找自己的碗，卻找不到。「你今天早上沒有刀要開嗎？」他問。

「老爸，你知道我已經不開刀了。」我想都沒想地說。

他坐挺身子斜眼看我，「我一直開到六十九歲哩，」他說，「很強吧。」

庫妮回來了，我們扶老爸站起來，轉個方向，送他回書房電視機前的椅子上。

幾年前我回來過感恩節，腹股溝劇痛到不行，我以為淋巴瘤復發，此命休矣。老爸看到我在揉股溝，便問怎麼回事，我說沒事，一點事都沒有。

晚餐後，老爸發現我躺在樓上臥室裡獨自呻吟，我側躺著背對門口，沒聽見老爸進來。他叫我翻過身，我差點被他嚇死，他用力扯住我的肩膀，但我叫他別管我。

「沒事，」我說，「我一會兒就好。」

他叫我拉下褲子，自己則擠到床邊，然後四處探摸，輕輕地推拿摸索，不到一分鐘，便將一坨腫脹的疝氣變小，讓疼痛消失了。在那一刻，他將我以為非做不可的骨髓移植、漫長的折磨，和高燒的神智不清，都一筆勾銷了。

當時他九十高齡，而且不記得自己早餐吃了什麼，但他卻能用他那雙手來醫治我。

開車回俄亥俄的幾天前，我打電話給老爸，是庫妮接的電話，她說老爸喘不過氣，大概沒辦法說話。

「他這樣子已經有一陣子了，」庫妮說，「有時情況更糟。」

我問老爸吃什麼藥，庫妮說我應該跟護士或醫師談談。

「沒關係的，我不會說出去。」我說。

庫妮表示他們又換藥了。

「有些照護員說他很難搞，但他就是這樣嘛，你知道的。」

我知道。

「我看看我能怎麼做。」我說。

我聽到她重重吸了口氣。

「也許我應該五月就來。」我說。

「很難講，你又不能住在這裡。」

我留了語音訊息給醫師，並到安養院護士的家裡找她。

「這難道不是我們預期的嗎？」她說，「你知道，**人生總難免一死？**」

我詢問老爸的服藥狀況，問他有沒有吃利尿劑？還有乙型阻斷劑[30]。

「醫師做了一些更動。」她說。

「例如什麼？」

「呃，他把利尿劑停了，因為你父親體重掉太多，整個人都沒水了，你懂吧？那樣對他的腎臟不好，這不是好現象。」

「妳今天下午能給他吃點利尿劑嗎？」我說，「如果他的體重上來，有可能只是體液而已。」

「他一直吃得很不錯，」她說，「直到一天前都還在吃。」

「所以他的體重有上升嗎？」

「差不多有三公斤，」她說，「就在過去兩、三天。」

她說他們還停掉老爸的乙型阻斷劑，「因為他的血壓有點低。」

「他的心跳多快？」我問。

「噢，心跳還不錯，」她答說，「今天早上護士看的時候好像是八十下。」

「別忘了，如果他的心跳超過六十五，最多七十，就會衰竭。」

我要求她重新給藥，「我現在給他服利尿劑，晚上再服一劑。」我說，「還有乙型阻斷劑，他非把心跳壓下來不可，而且要盡快。」

護士說她得聽醫師的命令，「除非你有俄亥俄州的執照。」她說。

我數著父親的呼吸，他的呼吸變得越來越慢，然後便停止了。我知道他會再度恢復呼吸，但感覺時間好久。值夜的護理員傑洛米搖著頭。

「我一直以為這就是最後了，」他說，「可是接著他又開始呼吸，然後……」

爸爸重重吸了一大口氣，他的頭像吸入大量空氣的蒸氣引擎般抽動著。傑洛米坐直身體，拉下T恤的前襟。

「他為什麼會那樣吸氣？」他問

㉚乙型阻斷劑（Beta-blocker），可減緩心跳及心肌收縮能力，從而達到降血壓的目的。

我告訴傑洛米，那是因為心臟衰竭的關係。傑洛米又回去看比賽了。

「每次都嚇到我。」他喃喃說。

電視爆出歡呼聲。

「真希望他能看到。」傑洛米說。

我開了一整天車，脖子都抽筋了，我的褲子上沾著咖啡和起司屑，但我們的球隊剛剛得了分。

「他一直都在看嗎？」我問。

「誰？醫生嗎？沒有，有一陣子沒看了。」傑洛米說，「我想是星期六吧，是的，那天的比賽他大半時間都醒著，好精彩的比賽。」

「就是他在院子除草的那天嗎？」

「是啊，」他說，「而且那天他還在工作間裡做了一點活。」

我會跑來，是因為我不相信他們說老爸活不久了，而不是因為我相信老父將不久人世。

「他們有給他吃利尿劑嗎？」我問。

傑洛米說他不清楚今天早上的藥。

「不過今晚他們沒叫我餵他吃任何利尿劑。」他說，「如果你想檢查，本子就放在廚房裡。」

我幫老爸量血壓、數脈搏、聽肺臟；聽起來都是劈啪響的水聲，他的頸靜脈都脹滿了。

傑洛米問我覺得如何。

「我覺他需要吃藥。」我說。

本子上寫著兩顆鎮靜劑、一顆安眠藥、一顆止痛劑、一種不寧腿症候群㉛的藥、一種抗精神病藥和一份平日四倍量的糖尿病藥。

我發現這些藥泰半都是上星期吃的，我還以為他們已經同意停藥了，尤其是我的精神科醫生朋友稱之為迷姦藥的金普薩㉜。朋友說他們一定是瘋了，才會開給老人吃。「除非他拿刀子威脅別人，而且是很利的刀子。」

我在藥單上沒看到利尿劑或乙型阻斷劑。

筆記上提到不安、有可能是疼痛造成的叫聲、雙腿和雙手抽動及失眠，他們在表上寫了一劑這個，另一劑那個，所有用藥似乎意在消除他任何有意識的行為。

㉛不寧腿症候群（Restless Legs Syndrome），神經系統疾病，會導致患者需要移動雙腿以減緩不適，通常伴隨睡眠障礙。
㉜金普薩（Zyprexa），安眠藥。

我打開鎖住的藥箱，拿出兩顆利尿劑和兩劑乙型阻斷劑，設法叫老爸吞下去，還不能讓他嗆著。

「今晚不必再吃別的藥了。」我說。

「他的安眠藥呢？」傑洛米問。

「都不要了。」

我給他更多的利尿劑，繼續服用乙型阻斷劑，並停用所有害老人家神智不清、發抖、嗜睡而動彈不得的垃圾。我做了些簡單的改變，不久老爸就起來，狼吞虎嚥吃東西，再次割他的草坪，逗照護員了。有時我會幫他煮飯，協助他上洗手間，幫他擦拭滴下來的食物，更換電視頻道，避開政治議題，監管他的用藥。我認識了五位輪番到他家照顧他的照護員，他們成為老爸日常生活中最重要的部分，我目睹父親在抗議、逗弄與抱怨時，展現出對他們所有人的慈愛。

我打算過完父親節後離開，父親節那天，老爸一直在跟自己的小弟弟糾結。家族親友大多過來陪他吃飯，老爸在派對上玩夠了，最後我們站在他的馬桶邊，我等他想起到這裡幹嘛，老人家扶著毛巾架站穩。

「你想尿尿嗎？」我問。
「要啊，我想尿。」
「現在嗎？」
「對啊，現在，就是現在。」
「你要我幫你把小底迪拉出來嗎？」
「**你他媽**休想。」他說。
他找到牛仔褲上的拉鍊拉開，鬆開毛巾架，搖搖晃晃地伸手進去把老二掏出來。他握了一分鐘，然後停住，彎身盯著老二，用食指和拇指把龜頭轉來轉去。
「這他媽的是啥鬼？」他說。
「看起來像你的底迪，」我說，「只是小了一點。」
「這玩意兒有問題，」他說，「上面長了東西，就在這裡。」
我趨近一看，他把包皮捲得像坨球似地捏轉著。
「沒事，」我說，「你要不要尿尿看？」
他站了一會兒，再次扶住架子，又是一陣搖晃。
「這他媽的到底是什麼？」他說著又彎下腰捏轉他的包皮，「一定是什麼腫瘤。」

我等著，希望他會忘記這檔事，想起自己是來尿尿的。老爸頓了一下，站直身子，就在我以為他快要尿時，老爸又看到他的包皮了。

「這他媽的到底是什麼？」

這回他要求我幫忙看一下。

「拿個什麼來。」他說。

「你要什麼？」

「我要什麼？你他媽的以為我能要什麼？我得把這玩意兒割掉。」

我拉住他的手，輕輕把他的手扳開。

「讓我摸摸看。」我用兩手把包皮拉開來，叫他自己再拿著。

「看到沒？」我說，「不見啦。」

「不見了？」他說，「希望不是指我的老二，我還要用哩。」

幾天後我們出發去內布拉斯加，我告訴老爸，我們一、兩個月就回來。

他問我要去哪裡。

「回家。」

「為什麼我不能也回家？」他問。

回到家後，我幾乎每天給他打電話，只有一次父子倆能溝通無礙。我總是在掛掉電話後更加難過，我知道他事後會忘掉一切，如果不是事前忘掉的話。我覺得我有沒有打電話根本無所謂，但我決定，還是矇著頭繼續打。

週日中午，老爸將會坐到廚房餐桌的桌首，那也是我童年時，與他共餐所坐的那張桌子。我拿起電話，我只能輸入那幾個數字，我們的號碼，我們家的號碼。是庫妮接的電話，說老爸的情況相當不錯。

「早餐吃了很多，」她說，「不過我們還不確定要不要吃中飯。」

我問老爸天氣如何，他說有人偷了他的車子，車子跑掉了，說他有一些錢，一百塊錢，可是現在卻找不到了，沒有人肯讓他回家，他們晚上會過來，坐在那裡等著。

「等什麼？」我問。

「你以為呢？」他咕噥說。

「也許是怕你需要什麼吧。」我說。

「我需要的是回家。」他說。

我願意付出一切讓老爸待在家裡，當初我們想盡辦法讓他留在安養院，我猜是因為沒料到他會失智成這樣。

「午餐好吃嗎？」

「媽啦，我在**這裡**啥也吃不到。」

「那份火雞三明治如何？」我問。

「好吃，」他說，「很好吃。」

一個星期過去了，安養院的護士在晚上打電話給我，她說她剛剛離開老爸。

「我就住在布萊爾大道上，」她說，「有時當他走去廚房時，我可以從大觀景窗看到他。」

她說老爸的狀況在惡化，而且現在惡化得很快。

我問他吃什麼藥，結果發現他們又停掉他的利尿劑，還把他的乙型阻斷劑減半了。

「他最近非常不安，」她說，「所以我要他們再次開鎮靜劑。」

我詢問劑量，她告訴我，我說劑量太多了，應該只給一半。「或四分之一，」我說，「也許那就是他會如此焦躁不安的原因。」

她說她可以理解，我很難接受這件事，「我想你很習慣把人治好，即使是極度重病的人。」她說，「你一定很難放手。」

「我覺得那樣說並不公平，」我告訴她，我從不會猶豫放手，「當活著變得太過辛苦，當時候到了，我會理解的。」

但我不覺得老爸的時間到了，我不懂，現在這種情況跟幾個星期前有何不同，我提醒她父親節的情況。

「他坐在桌首，逗他的孫女們，要了更多火雞肉，還抱怨他吃的那些藥。」

「是的，我知道。」她說，「有太多值得感恩的地方了，是吧？」

我告訴她，我們家族星期三會陸續到俄亥俄集合，慶祝國慶日。

「我會讓他恢復父親節我離開後的用藥情況。」我說，「不讓他吃其他那些垃圾。」

「這些藥不見得都是為了方便而吃的，」她說，「我們是要讓他更舒服，減少他的痛苦。」

我緊抓住電話，感覺手上的婚戒吃進指頭裡，我好想砸東西。

「而且他的喉頭，開始常常有咯咯流動的液體，蕭醫師。」她說，「我已經請醫生讓我用阿托品㉝，減少他的分泌物了。」

「那不是分泌物！」我吼道，我在千里之外，突然覺得膀胱都快爆了，而這個女人竟還在電話上告訴我，她打算如何殺掉我的父親。

「他又衰竭了，」我說，「那是他的肺水腫液，不是分泌物。妳餵他吃阿托品，他的心跳可能會加速而……」

我們之前也是那種情形，所以我停下來，換過手，看著令我發疼的指戒。

「幫我做一件事好嗎？」我等著，她清清喉頭，「在我到達之前，暫時先別讓他吃阿托品，拜託！」

她又跟我重申一遍，只是這回速度更快，她說阿托品是他們醫療的一環，她在安養院已經照護十五年了，經常給人吃阿托品，這藥真的很有幫助，我知道她根本聽不懂我在說什麼，我告訴她一切我都理解。

「可是先把藥停了，等我們到那裡再說。」我表示，「我們星期三晚上之前就到了，其他人會更早到。」

她沒答應我任何事，我只好放棄，接受現在結束，時機或許並不算壞，我只希望我們能及時趕到。

妹夫打電話通知我們爸爸去世時，我們正在狄蒙東邊一百多公里的地方。

「敏笛和我陪著他，他呼吸得很辛苦，他們要求我們先離開，以便幫他清理、穿衣服。我們離開房間不到十分鐘他們就出來，說爸爸剛剛過世了。」

我把車開下交流道，駛入一片農田裡。

「死亡正式時間是三點三十分。」他說。

我問他們是否給他吃了什麼藥，妹夫不知道，他問我們還要多久會到，我發現那邊已經下午了，我們還要半天才會到，而且現在已經不那麼迫切了。

「我們可能會在印第安納波利斯過夜，」我說，「我們兩個昨晚都沒怎麼睡。」

我們討論該如何處理遺體，我說爸爸想把他的大體捐給俄亥俄州立大學醫學院，傑夫問有沒有文件什麼的，我說不知道，也許在他的皮夾裡，我相信葬儀社的人會知道怎麼處理。

我們快到皮奧里亞時，傑夫回電給我說，一切都打點好了，可是過節在即，俄亥俄州立大學必須等星期一才會有人在那邊接受大體。老爸選擇的葬儀社沒有冰櫃，但同一條街上的另一家有，他們同意先在週末收留他。

我們沒說話，我心想，不知是不是該一路開到那裡。

㉝阿托品（atropine），抗膽鹼藥，能解除平滑肌的痙攣、抑制腺體分泌。

「抱歉我問了服藥的事。」我說。

「什麼服藥？」他問。

「你跟我說爸爸死了，而我卻只知道問他吃了什麼藥。」

傑夫說他根本沒注意，「一切發生太快了，」他說，「我們也不知道該怎麼辦。」

追思禮拜上，我看到庫妮和其他照護員一起坐在長椅上，我坐到他們後頭，並告訴他們，父親有多麼喜歡他們。庫妮從袋子裡拿出三本線圈筆記本遞給我。

「這是所有的筆記。」她說，「綠色的是最後一本。」

我翻開綠色筆記最後一頁。

「他在三點十五分吃了阿托品，」我說，「就在敏笛和傑夫剛走出房間之後。」

他們彼此相視，然後看著我。

「十分鐘，」我說，然後笑了笑，「只需要十分鐘就夠了。」

我闔上筆記交給庫妮，她把本子推回來，說是給我留存用的。

我四下張望，看到更多人抵達，我好希望能在這裡多待些時候，跟他們聊一聊父親和他最後的時日。

我不知道我若留在這裡照顧他，爸爸會不會活久一點。

那天稍早，我遇到為他做最後一次注射的護士，她抱了我一下，說老爸死得很平靜。

「沒有人能多做什麼了，」她搭住我的臂膀，「他的時間到了。」

我知道她深信不疑，但我仍不斷想著，一生救人無數的父親，他的死亡，本可以輕易延後啊。

43. 傳家寶

老爸死於七月三日星期三，家族親友大多都來參加我們七月四日的年度聚會了，我們在老爸一九六一年蓋的湖邊小屋裡私聚，大夥一整個下午又笑又哭，聊著各種故事，我想到幾年前，我寄給我妹妹和弟弟的故事。

昨天我打電話給老爸，兩人一如往常聊著天氣，然後老爸問我最近在做什麼，我又跟他重提一遍我在寫作。

「記得我寄給你的，那篇在急診室做結腸造口術的故事？」

他不記得。

「你噴得我一身屎的那一次？」

他說他從來沒幹過那種事，接著他問，我最近有沒有開過很棒的刀，其實我幾乎在五年前就不再動刀了。

「今天早上我收到一封電郵，是我在九〇年代訓練的一個學生寫來的。」我說，「他現在是國際外科團隊的會長，他希望我成為今年的榮譽院士。」

「哦，真的嗎？這傢伙是誰？」他問。

「你沒見過，他在信裡寫到我對他，以及其他接受我訓練的人，影響有多麼深重。我看了他寫的東西後很感動。」

「那很好。」老爸說。

「總之我覺得很開心。」

「今天發生超爆笑的事，」老爸說，「我去市區的郵局寄東西……寄什麼來著？」

「納稅申報嗎？」

「算了，我不記得了，不過等我出來時，看到一個老傢伙和他老婆——呃，我猜應該是他老婆；她看起來夠老了，不過也有可能只是他姊姊。他們兩人坐在一大台舊林肯裡，很道地的那種林肯車。」

「林肯大陸豪華敞篷。」我說。

「就是車邊又長又平，車蓋像餐桌的那種。這老傢伙打開車門，我沒怎麼注意，不過不知怎地，他一直看著我，好像在等我。我想他開車經過時看到我，就把車停下來等我出來。」

爸爸說到這兒便停住了。

「你認識他嗎？」我問。

「什麼？」他說。

「你認識他嗎？」

「噢，不認識，但他認識我。他走過來，這傢伙有個大肚腩，他拉開他的襯衫，露出一條疤，從他的胸骨直拉到他的……」

「他的恥骨？」我問。

「什麼？」

「疤痕從他的胸口拉到恥骨。」我說。

「應該是吧，他的肚皮垂在皮帶上，我看不出來。我怎麼樣都想不起來自己做過什麼，但他真的一副感恩戴德的樣子。」

「不知手術是什麼時候做的？應該至少有二十五年了吧？」

「我哪知道，我應該問一聲，可是他很篤定我記得他。」

「疤痕那麼大，一定不會只是割膽囊或什麼的而已。」我說。

「我哪會記得，」老爸說。我想像老爸坐在那兒努力回想四、五十年前，某個嚴重的手術。「不過他似乎認定我救了他的命，一定是場大手術，不知道會是什麼……」

「老爸，仔細想想，那只是你流傳下來的，很小的一部分。想想你在那三十幾年裡，救了多少命，改善了多少人的生活，那是何等美好的傳家寶。」

「是啊，」他說，「我想是吧。」

我想再說點什麼。

「我原本希望哪天能把這份傳家寶傳下去。」他說。

我摒住呼吸。

「我猜那永遠不會發生了。」他說。

44. 減緩期

一九六三年春假，我們回佛羅里達。就我長記憶以來，我們春假都是去佛羅里達，除了前一年的一九六二之外，當時沒去是因為媽媽肺癌在做鈷六十治療。記得老爸和媽媽談到那年的聖誕節，再去佛羅里達渡一次假，那時媽覺得好一些了，她說那主意不錯，也許陽光能將腫瘤融化掉。

過去幾年，我們一向開車下佛羅里達州，可是一九六三年，我們把旅行車留在家裡，搭達美航空ＤＣ－８去聖彼得斯堡。媽媽那時狀況還不錯，我以為鈷治療終於有點效用了。沒有人說媽媽的病好了，但爸媽兩人的舉止確實都不太一樣了，他們似乎很開心能換個環境，所以我以為她一定是都好了。四個月後，當救護車把媽媽從家中接走時，她雖然已經病重，但我這個一心只想到自己的青少年，還是無法理解那將是我最後一次見到她。

我們住在離金銀島海灘三條街的旅館，我弟弟和妹妹喜歡在溫暖靜謐的泳池裡游泳，但媽媽和我喜歡坐在沙灘上看浪。

「你幹嘛不去游泳？」老媽說。

我正在挖沙子被打溼的地方，想要蓋座城堡，或是兩間錯層的車庫。我斜眼逆著陽光看向老媽。

「海浪，」她說，「你可以去浪裡頭玩，不必待在這裡陪我。」

「沒關係。」我說，沙色越來越暗了，我回頭去挖沙。

「你得抹點防曬膏，」她說，「你開始變得像條龍蝦啦。」

媽媽戴著黃框太陽眼鏡，邊角上飾著粉紅色的海星，她是在大橋另一頭的藥店買的，老爸說她看起來像露西兒．鮑爾㉞，媽媽聽了哈哈大笑。她罹癌之前，在獅子俱樂部的音樂節目裡，是挺有名氣的歌手與舞者。有一次她唱一首歌，說兩個人在爭執蔬菜名稱到底哪裡不同：如「你說西洋柿，我說紅蕃茄。」媽媽身高約一七五公分，她跟一個叫約翰的矮男生對唱，約翰的頭只到她的手肘。搭機去佛羅里達途中，我聽到她對老爸說她跟約翰秋季要表演的短劇。

「你非得在這裡挖沙子嗎？」媽媽說，「毛巾上全都是沙了。」

我站起來把自己的毛巾抖掉。

㉞露西兒．鮑爾（Lucille Ball，一九一一～一九八九），美國著名喜劇演員。

「住手！沙子全吹到我身上了！」

「對不起。」我又回去繼續挖。

「你幹嘛不到別的地方挖？」

「可是我快挖到溼沙啦，」我說，「要蓋雕堡之類用的。」

「去海浪撤退的地方，**那邊**全都是溼的。」

我拿到一大把溼沙，高舉著拿給媽媽看。

「你幹嘛對我那麼壞？」她說著站起來，拎起她的毛巾和籃子，移到二十步外，然後再攤開毛巾。

老爸喜歡帶我們到堤道橋底下的海鮮餐廳吃飯，他們拿沙灘上看到的那種鱟魚殼來盛蟹肉餅。老爸心情似乎比平時好，所以我問能不能吃龍蝦。他們有道菜是三塊錢，兩條佛羅里達龍蝦、炸薯條和沙拉。老爸說那其實不是真正的龍蝦。

「比較像是小龍蝦。」他說。爸爸從來不讓我在餐廳點龍蝦，但我那趟旅行點了兩次，他都沒意見。

有一天，老爸決定帶大家去滑水。

「在海裡嗎?」我擔心有大浪。

他說我們會租條船,在水道裡滑。「國際水道,」他說,「可以一路滑到水晶河。」我們以前會在水晶河的河上租房子,那也是我想成為海洋生物學家的原因。水晶般清澈的河水,使我能與海牛一起浮潛。有些鯰魚住在碼頭盡處的泉水底下,我舉著手,對老爸比畫它們有多大。「那條魚可以把一頭小馬吞了。」他說。

碼頭上的男子說,船上有一副滑水板,但曲道板就要另外算錢了。沒問題,老爸表示,他付了兩個板子的錢,男子把板子放到船上,收下老爸的錢,然後站在那邊看著老媽,好像她有什麼不對勁。

「好啦,現在又怎麼了?」老爸問。

「呃,先生,你若想開船,就得把船拖下水。」

爸告訴對方,他以為是包在裡頭的。

「讓船下水嗎?那得另外付錢。」男人說。

媽媽表示她不太舒服。

「妳去避避太陽如何?」爸爸說,「我們下船時,她到那邊辦公室等可以嗎?」

男人說那違反規定。

「顧客不許越過那扇大門。」他兩手插在口袋裡，用鼻子點了點。我告訴媽媽，那個男的長得好像能吞掉一匹小馬，但是媽媽沒笑。

老爸付了下水費，等我們大家全上了汽艇，弟弟吵說他又餓又渴了，而且媽媽看起來很不舒服。爸爸說等我們到水上，大家就會舒服很多。

爸叫我先滑水，可是旁邊來往船隻太多，而且水浪頗大。輪老爸上場了，然後他問媽媽要不要也試試。她先是哈哈大笑，但不是笑得很開懷，接著她好像哭了，然後爸爸便抱住媽媽，叫我把船開回碼頭了。

「可是我還想再滑一次。」我說，我找到一個沒有船隻，水面如鏡的地方讓老爸滑水。

「開船就對了，年輕人。」老爸說。

媽媽抬起頭，然後醒著鼻子，「沒關係，」她說，「再讓他滑一次，水面看起來很棒。」

我滑了又滑，不理會老爸要我停止的手勢，直到他終於切掉引擎，讓我沉到水裡為止。

「我想再滑一遍。」老爸把船開近時我說。

「上船。」

「可是，爸——」

「現在就上來！」他說。

回碼頭途中，我埋怨租了兩小時的船，卻只開一個小時，實在太蠢了，而且水面剛剛變得平順，他自己說，我可以一路滑到水晶河的。爸爸幫媽媽收拾東西帶下船，然後陪她走到車上，叫我弟和妹妹進車子裡陪她，我則賴在船上。男子從棚子裡走出來，把拖車從斜板上推到水裡。我試著把船拉到拖車中間，但老爸抓過我手上的繩子，親自動手。我想他一定是在趕時間，可是當男子把拖車拉向前，船隻淌著水從水裡出來後，爸爸卻踱住我的手臂，把我拉到支船架上，一艘大艙式遊艇的後面，然後用力搖我。

「你他媽的是哪根筋不對？」他說，我掙扎想把手臂抽開，但他的手勁好大。「你可憐的媽媽已經盡最大努力在享受這次旅程了，可是你只在乎自己，每個人都看出她不舒服，你還在抱怨這抱怨那的。」

「你不是說她好多了嗎？」我說。

「你在說什麼？」

「我聽到你在電話上跟阿嬤說她有『漸好起』，」爸爸斜眼看著我，彷彿當我瘋了，「還是之類的話，你說她每天都有變好。」

「她是在減緩期。」

爸爸鬆開我的手，轉身揉著自己的臉，背對我站著。

妹妹、弟弟和我都以為，無論媽媽的癌症進展如何，都是很好的消息。這幾個月來，媽媽很開心能有所轉變，而且我聽到爸爸和她談起佛州的旅程，都像是在慶祝她病癒。有天坐在旅館游泳池邊，妹妹問我，既然現在媽媽的癌症好了，她會不會又開始抽煙，我心頭一驚，覺得好慌。

爸爸帶我到海灘邊釣魚，我們涉水走到海水及腰的地方，他教我如何用雙手把大餌甩出去，但我實在不擅長。我用一般的捲軸釣竿，可以拋得很遠，我經常在後院拿鉛錘練習。我把呼拉圈放在地上當標靶，外公以前是國家甩竿冠軍，爸爸說奇尼爾外公就是那樣練習的。可是在海上，每當我往後舉竿，準備把餌甩出去時，就被海浪推倒。有一次我被水淹沒，手一鬆把竿子放開，然後就找不著了。爸爸開始對我吼，但接著我踩到了餌，餌刺進腳掌裡，老爸便循著線找回釣竿了。

他抱我回海灘，將我放到沙子上，然後試著取出我腳掌裡的鉤子，可是鉤子刺得很深。「看來我得讓你瞧瞧我的秘技了。」他說。爸爸切下一段線，把線纏到鉤子彎處，這樣就可以把綁在小腿上的線往一邊拉，同時將鉤子朝另一個方向拉。

「看到沒？把這兩條線往反方向拉，倒鉤就會往下轉，等我往這邊拉時，鉤子就會出來了。」他說。

「好像是耶。」我說。

他叫我別動，「數到三。」爸說。他拉緊兩條線，然後突然把在鉤弧上的那條用力一扯，鉤子就拔出來了。

多年後，我在黃石公園診所工作，就是用這種辦法幫遊客拔出手臂腿上及臉上的鉤子。

「竟然都不會痛。」我說。

爸爸說我們先回屋子裡洗乾淨，然後再包繃帶。他開始收拾工具，解開釣竿的釣線。

「媽媽會死嗎？」我問。

爸爸解開竿子上的捲軸放到箱子裡，沒看向我。接著他頓了一下，雙手抵在膝上，望著海浪。

「減緩期的意思是，我們找不到癌了，但是不知道會不會復發。」他說。爸爸緩緩弄乾自己的腳，拍掉鞋底上的沙子，用手指在腳指間戳著。

「有可能復發嗎？」我說。

「有可能。」

「即使她沒再抽煙？」

「是的。」

他站起來抓起自己的工具箱，爸爸戴的釣魚帽，帽舌很長，每次轉頭老撞到東西。

「她實在應該在得癌症之前就戒煙的。」我說。

「去拿那根釣竿，ＯＫ？」

我在紅綠燈前等著過街。

「能幫我個忙嗎？」他說，「大家在一起剩下的時間，能好好善待你媽媽嗎？她努力為我們裝開心，但實際上她不像表面上那麼舒服，而你又一點都不幫忙。你懂嗎？」

我們的房間在游泳池的另一頭，我希望我妹和我弟在游泳，可是太陽已經落到大樓後頭了。爸爸在救生員的椅子邊攔住我，然後彎身靠近說。

「還有拜託你，千萬別問她為什麼不戒煙，行嗎？」

他用手搭住我的肩膀，我扭著腳，看看鈎子是不是還卡在裡面。

「那樣很殘忍，你懂嗎？你明白那樣有多過份嗎？」

我用受傷的腳壓踏泳池堅實的利邊，感覺刺痛穿透鞋底直竄而上。

致謝

我們不可能知道，也不可能記得每一位影響我們日後的人，至少我做不到。這成了我在致謝時，有任何疏漏的託詞，包括那些嚴格要求我的老師們；還有十九歲在寒夜的高速公路上搭便車時，那群讓我上了車，並在接下來的一百公里路程中，企圖說服我轉為同性戀的幾名男生；還有少數極盡所能打壓學生，讓學生自覺一無是處的老師；以及許多對我極具耐心及信心的人，我雖無功不受祿，卻受到他們很大的啟發。儘管如此，我希望能感謝幾位人士，並不是因為他們最重要，而是因為他們的堅持。

六歲時，母親讓我覺得寫故事是一種快樂與榮耀。我找到了另一個世界，並在裡頭擁有全然的控制權。母親的早逝，永遠改變了一切，我耗費數十年去否認這個鐵錚錚的事實。父親從小就要求我當自己最嚴格的評判，他不必多說，但他的開心及失望就是最好的指示。他在許多美好的層面上，都是我的英雄，我對他緬懷不已。

我從來沒得過A以下的成績，直到五年級，Leonard Gwizdowski老師賞了我第一個C。媽媽氣壞了，但老師堅持我得學習讀書——好好認真讀書。六年後，Mildred Veler老師另外給了我不同於其他學生的必讀書單。「你太懶了。」她說，並叫我從 Joyce 開始。讀凱尼恩學院時，William Klein 說我大一的散文寫得冗長又瑣碎，Galbraith Crump 把莎士比亞講得活色生香，Perry Lenz 把美國偉大的文學遺產深烙在我的靈魂裡，John Ward 讓我沉醉在 Smollett、Defoe、Bronte、Austen、Richardson 及 Thackeray 的文學世界中。

在猶他州，許多外科醫師對我的訓練至關重要，包括一些研究醫師、教授和幾十位私人執業的外科醫師。我要特別感謝 Frank Moody（穆迪）對大家設下如此嚴苛的標準，並不顧我的抗拒，不斷逼我發揮全力。Gary Maxwell（麥斯威爾）是指導我進入移植領域最不遺餘力的人，他以自己的熱情與驚人的實力激勵我。

在匹茲堡時，我跟 Tom Hakala、Tom Rosenthal 及 Rod Taylor 學習腎移植，看到 Hank Bahnson 的剛正不阿，Shun Iwatsuki（尚恩）的忠誠不二，以及 Tom Starzl（史塔哲）無以倫比的幹勁。對於一再為我收拾爛攤子的 Shun，我實在不知如何言謝，也謝謝史塔哲給予我那麼多的機會。

一九八五年，Bob Baker、Charlie Andrews、Bob Waldman，以及最重要的 Mike Sorrell 及 Bing Rikkers，他們提出建議，把 Bob Duckworth、Laurie Williams、Pat Wood 和我，從匹茲堡帶到內布拉斯加的奧馬哈，我們跟 Joe Anderson、Jim Chapin、Barb Hurlbert、Rod

Markin 及 Reed Peters，永遠改變了內布拉斯加大學醫學中心。感謝他們所有人，願意冒這麼多的險，讓我們的工作能獲得永垂青史的成就，他們的專業與努力，著實不可或缺。

我有很多朋友讀了我早期的作品後，鼓勵我繼續筆耕，包括 Jamie 與 Kyle，Carlos 和 Kathy，Bill 和 Chris，Steve 和 Genni，Mike Duff，特別是 Dirk 與 Cath，他們的友情與信任無可撼搖。

沒有 Steve Langan 和他的「七醫師計畫」參與者的啟發，沒有 Amy Grace Loyd 執著的信任與鼓勵，以及 Jonis Agee 熱心介紹為我的人生帶來奇蹟的經紀人 Noah Ballard，這本書永遠不可能誕生。Noah Ballard 和世上最溫柔頑強的編輯 Mathew Daddona，讓我對這本書感到又驚又喜。Bo Caldwell 和 Ron Hansen 的謙和，暗中激勵了我。和 Lee Gutkind 在匹茲堡共度許多無眠的夜晚時，他教我認識非虛構類的創作；他的指引是無價之寶。

舍弟 Steve 和妹妹 Mindy 及 Beth 也許對我的共同回憶版本有些意見，不過顯然老哥的記憶比他們強。很抱歉我一再逼問他們一些沒人記得清楚的細節，也感謝他們對我的包容。

我很欣賞 Carol 的技術、精神，以及她在面對死亡時的勇氣。我深愛 Chris，愛我們在一起的二十五年，愛我們的三個孩子，也謝謝她依然愛我。Ryan、Nat 和 Joe 是我存在的真正理由，因為他們各別為世界帶來了歡樂，而不僅因為他們是我的子女。

最重要的，我要感謝 Rebecca 解救我，精進我的寫作，讓我坦誠，並以無邊的愛來信任我，我將永遠與妳共舞。

站在器官移植前線——
一個肝臟移植醫師挑戰極限、修復生命、見證醫療突破的現場故事
Last Night in the OR:
A Transplant Surgeon's Odyssey

作　　者：柏德・蕭（Bud Shaw）
譯　　者：柯清心
總 編 輯：陳郁馨
責任編輯：張瑜珊
社　　長：郭重興
發行人兼出版總監：曾大福
出　　版：木馬文化事業股份有限公司
發　　行：遠足文化事業股份有限公司
地　　址：231 新北市新店區民權路 108-2 號 9 樓
電　　話：(02) 2218-1417　傳真：(02) 8667-1891
電子信箱：service@bookrep.com.tw
網　　址：www.bookrep.com.tw
郵撥帳號：19504465 遠足文化事業股份有限公司
客服專線：0800-221-029
法律顧問：華洋國際專利商標事務所 蘇文生律師
內頁排版：中原造像股份有限公司
印　　製：中原造像股份有限公司
木馬臉書粉絲團：http://www.facebook.com/ecusbook
木馬部落格：http://blog.roodo.com/ecus2005

初　　版：2017 年 3 月
定　　價：360 元
I S B N：978-986-359-356-0

歡迎團體訂購，另有優惠，請洽業務部（02）22181417 分機 1120、112

國家圖書館出版品預行編目（CIP）資料

站在器官移植前線：一個肝臟移植醫師挑戰極限、修復生命、見證醫療突破的現場故事／柏德・蕭（Bud Shaw）著；柯清心譯. -- 初版. -- 新北市：木馬文化出版：遠足文化發行, 2017.03

面； 公分

譯自：Last night in the OR : a transplant surgeon's odyssey

ISBN 978-986-359-356-0（平裝）

1. 蕭柏德（Shaw, Bud.） 2. 專科醫師 3. 回憶錄

785.28 105024840

線上讀者資料回函
請給我們寶貴的意見！